1. 抚州市社会科学规划项目 +《抚州传统体育文化与乡村旅游融合水平测度及数字化推进路径研究》+ 22SK53。

2. 江西省体育局体育科研课题 +《社区智能休闲体育制约因素探析与数字化服务体系建设研究》+ 2022024。

3. 东华理工大学地质资源经济与管理研究中心开放基金项目 + NO.22GJDJC01。

4. 东华理工大学博士科研启动基金资助项目 +《"健康中国"背景下城市居民休闲体育休闲制约与持续参与意愿研究》+ DHBK2019401。

城市社区体育构建与发展研究

丛　睿◎著

中国原子能出版社

图书在版编目（CIP）数据

城市社区体育构建与发展研究 / 丛睿著 . -- 北京：
中国原子能出版社，2022.11
ISBN 978-7-5221-2536-7

Ⅰ．①城… Ⅱ．①丛… Ⅲ．①城市－体育活动－社区
服务－研究－中国 Ⅳ．① G812.4

中国版本图书馆 CIP 数据核字（2022）第 236992 号

城市社区体育构建与发展研究

出版发行	中国原子能出版社（北京市海淀区阜成路 43 号　100048）	
责任编辑	杨晓宇	
责任印制	赵　明	
印　　刷	北京天恒嘉业印刷有限公司	
经　　销	全国新华书店	
开　　本	787㎜×1092㎜　　1/16	
印　　张	12	
字　　数	207 千字	
版　　次	2022 年 11 月第 1 版　　2022 年 11 月第 1 次印刷	
书　　号	ISBN 978-7-5221-2536-7　　定　价 72.00 元	

作者简介

- ■

　　丛睿　女，出生于 1988 年 11 月 14 日，黑龙江海林人，休闲体育学博士研究生，毕业于韩国京畿大学，现任东华理工大学体育学院讲师。从教以来，一直以热情严谨的态度开展教学工作，主要从事休闲体育产业、体育教育教学方向的研究。

■ -

前　言

　　随着社会经济的发展，人们对社区建设有了更高的要求，要求社区全方位发展。社区要发挥更多的社会整合功能，进一步提升城市居民生活水平，有效改善人们的生活质量。在经济、社会和文化等方面全面改善社区的状况，其中重要的一环是促进城市社区体育的发展。我国城市社区体育兴起于20世纪80年代，在此之后，社区体育作为社会体育的最佳组织形态，被人们广泛接受，人们对社区体育的认识逐渐加深，对社区体育的需求逐步增长。社区体育组织形式灵活多变，活动内容丰富多样，练习方法简单便捷。社区体育的这些优点吸引着广大的社区成员。因此，研究城市社区体育具有重要意义。

　　本书共分为六章内容。第一章为社区体育理论基础，主要从四个方面进行了介绍，分别为社区及城市社区概论、社区体育概述、城市社区体育的发展、城市社区体育与学校体育。第二章为城市社区体育的建设，主要从三个方面进行介绍，分别为城市社区体育建设的定位、城市社区体育建设的原则和目标、城市社区体育建设的运行机制。第三章为城市社区体育的管理，主要从三个方面进行介绍，分别为城市社区体育管理概述、城市社区体育管理的原则和方法、城市社区体育管理的发展与创新。第四章内容为城市社区公共体育服务，主要从四个方面进行了介绍，分别为城市公共体育服务的概述、城市社区公共体育服务的基本特征、城市社区公共体育服务的构成要素、城市社区公共体育服务建设与创新。第五章内容为"健康中国""全民健身"与城市社区体育，主要从两个方面进行了介绍，分别为"全民健身"视角下的社区居民体育参与、"健康中国"视角下的社区居民体育需求。第六章内容为智慧社区体育服务模式探究，主要从四个方面进行了介绍，分别为智慧社区体育概述、智慧社区体育服务概述、智慧社区体育建设现状、智慧社区体育建设协同治理。

在撰写本书的过程中，作者得到了许多专家学者的帮助和指导，参考了大量的学术文献，在此表示真诚的感谢。本书内容系统全面，论述条理清晰、深入浅出，但由于作者水平有限，书中难免会有疏漏之处，希望广大同行批评指正。

作者

目　录

第一章 社区体育理论基础

体育不仅是强身健体的手段，也是一种消遣娱乐的生活方式。社区体育可以满足居民就地、就近、就便参加健身娱乐的需要。它以灵活的组织形式、丰富的活动内容、融洽的地域亲情、便捷的练习方法和有效的健身效果吸引着广大的社区成员。本章为社区体育理论基础，内容包括社区及城市社区概论、社区体育概述、城市社区体育的发展，以及城市社区体育与学校体育。

第一节 社区及城市社区概论

一、社区概述

（一）社区的概念

社区作为人类社会生活的共同体，已经有了悠久的历史。从历史过程来看，距今大约一万年前的第四纪冰河期结束后，人类社会开始从狩猎采集文化向农业文明转变。伴随着农业文明的出现和发展，出现人类的群体性定居生活形态——农业村落。在定居生活中，人类的群体意识发育并日渐显性化，在此基础上，逐渐演化出一系列调节群体内外关系的风俗、礼仪等制度。农业村落的形成意味着具有相对完整性的社区生活的开始。

到了近代，工业革命在西欧出现并逐步广及欧美大陆，世界的其他地区也以不同的方式参与到这个社会进程中去。农业文明的主导地位逐渐被工业文明所取代，出现人类社会发展过程中的一次深刻变迁。工业革命在很短时间内引起了社会生活的重组，这种重组过程中出现的各种新的社会现象逐渐引起人们的重视，并开始成为社会研究的对象。人们希望通过有意识的行动来恢复工业化以后丧失掉的人们在精神上的共同联系，这就是工业社会中人们注重社区的动因。因此，社区概念的提出是工业社会形成和发展的产物。

最先提出"社区"这个概念的是德国社会学家腾尼斯（F.Tonnies），他在1887年出版的《社区与社会》一书中最先使用了"社区"一词。在这本书中，腾尼斯用社区和社会这两个概念来说明社会变迁的趋势。他把那种出入相友、守望相助、疾病相扶抚、关系亲密的富有人情味的农村社会共同体称为社区，它是由同质人口组成的。人们加入这样的团体，不是因为自己有目的选择，而是因为他生于斯，长于斯。"社会"是人们之间为了达到特定的目的、对占有物的合理交易和交换基础上形成的，它由异质人口组成，个人之间相互疏远甚至仇视。"社会"的秩序混乱，人情淡漠，具有非人性。他认为由社区向社会的过渡是历史发展的必然趋势。腾尼斯关于社区和社会的划分，在当时和以后的一段时间里，并没有引起人们的注意，直到第一次世界大战以后，人们对资本主义社会人际关系的淡漠、疏远感到厌恶，开始对腾尼斯提出的"社区"发生兴趣。美国的查尔斯·罗密斯把腾尼斯的社区译成了英文"community"。"community"一词的含义是很广泛的，可以指社区、社会，团体，界，共有共享，公众、大众；等等。在社会学上，它主要是指在一起生活、工作的人的共同体。这和腾尼斯的"gemeinschafe"一词的含义已有区别。中文的"社区"概念是从英文的"community"翻译过来的，进一步突出了其地域性含义。1933年，费孝通等在翻译美国社会学家帕克的社会学论文时，第一次将"community"这个英文词译成了"社区"，后来成了中国社会学的通用术语，在此之前，有些人把它译成"共同社会""地方共同社会"或"共同区域社会"等等。

（二）社区的构成要素

所谓社区的构成要素，也就是构成社区的主要因素。理解这个问题，对于人们理解社区的含义，把握社区及社区建设的内容具有重要的意义。

1. 不同观点介绍

（1）台湾学者徐震认为，社区包含五项因素：①居民。此是社区构成的第一要素。②地区。也就是社区的地理要素，包括社区的自然环境、天然资源、公共设施及交通、建筑等。③共同的关系。即文化背景，如语言信仰、风俗、习惯等，也包括共同的需要、共同的利益、共同的问题及共同的目标。④社区组织。包括各类正式组织与非正式组织。⑤社区意识。也就是居民对于社区的认同感、归属感等等。

（2）宋林飞在《现代社会学》一书中提出，社区的三维立体结构包括三个要素：①结点。即人口、住所等聚集点，是社会关系交叉与汇合的地方。②域面。即结点的各种作用力所能达到的地域，以及结点所吸引的全体人口及其日常活动。③流网。即人流、物流、信息流、交通流等交织起来的状态，是处于运动变化中的网络。

（3）北京大学社会学系理论教研室编写的《社会学教程》认为，作为一种社会实体的社区有：①以一定的社会关系为基础组织起来的、进行共同生活的人群；②一定的地域条件；③各方面的生活服务设施，如商业、服务、文化、教育等设施；④自己特有的文化；⑤居民对于自己所属的社区的认同感。

（4）方明和王颖认为，社区作为一个社会实体，通常包括以下五个基本要素：①以一定的生产关系和社会关系为纽带组织起来，达到一定数量规模的，进行共同社会生活的人群；②人群赖以从事社会活动的、有一定界限的地域；③一整套相对完备的生活服务设施；④一套相互配合的、适应社区生活的制度和相应的管理机构；⑤社区经济、社会发展水平和历史传统文化生活方式以及与之相连的社区成员对所属社区在情感上和心理上的认同感和归属感。

（5）吴锋在《城市社区工作读本》中指出，社区具有以下六大要素：①人口。社区的人口是具有稳定的社会交往关系的一定数量的人群，他们因长期聚居在同一个地方而逐渐形成了多层次、成系统的内部交往关系，群体成员因共居一地而拥有共同的归属感。②地域性社会。就是说，社区具有一定的边界。③区位。区位是指人类群体及其活动的空间分布，共同居住在一地的人们在长期交往过程中逐渐实现了活动与生活设施的空间分布特征。④组织结构。社区都有一定的组织形式，同时，社区又是由一定的社会群体和社会组织共同组成。社会群体、社会组织之间的关系形成了社区结构。⑤生活方式。长期生活在同一地方的人们形成一种具有地方特点的生活方式。生活方式是不同社区得以彼此区分的一个重要方面。⑥社会心理。社区在性质规模结构等方面不同，会对社区成员的心理和行为产生不同的影响。生活在不同类型社区的人会有不同的心态和行为方式。社区成员对自己生活于其中的那个社区具有一定的认同感、归属感。

2.社区的一般构成要素

这些看法虽然在具体的解释上存在差别，但在大的方面存在相同之处。结合上述观点，我们认为社区的构成包括以下要素。

（1）一定数量的人口

人是社会存在的前提。社区既然是人们生活的共同体，具有一定数量的人口则是社区存在的首要前提。人口规模决定着社区的规模。作为构成社区的一个要素，人们并不是孤立存在的，而是相互间存在各种各样的社会关系，并且在社会关系中进行劳动等社会活动。之所以说人是社区的主体，是因为社区居民是社区生活的创造者，是社区物质要素的创造者和使用者，是社区社会关系的承担者。作为社区主体的人口有两个方面的规定性：量的规定性——人口的规模，若人口太少，形不成一个完整的社区；质的规定性——人口素质，如身体素质、文化素质、思想素质。同时，社区中的人口有一定结构，即人口的社会构成，如民族构成、宗教信仰构成、文化构成、职业构成、阶层构成等。

（2）一定的地域

既然社区是人类社会地域生活共同体，是一个地域性的社会实体，一定的地域自然成了社区的要素之一。一定的地域：为人们提供了活动的场所，社区地域面积的大小对社区成员的日常生活有影响，比如它直接制约着居住空间；为社区居民提供了生产和生活的部分资源，如社区地域内自然资源的富集程度就构成了社区经济活动的基本物质条件；影响着社区中人们活动的性质和特点及社区的形成和发展。社区的地理位置和地理环境、地质条件、气候条件都会对社区的发展有重要的影响。

（3）社区的特色文化

文化概念有广义和狭义两种理解。广义的文化是指人类所创造的物质财富和精神财富的总和，狭义的文化主要是指人类创造的精神财富。由于每个社区的形成过程、历史传统、地理条件、发展水平不同，各个社区的文化便具有独特性，以区别于其他社区甚至邻近社区。中国农村有句俗话："十里不同俗。"，意思是，即使是相距很近的不同社区也有自己的特色文化。社区的特色文化是社区居民在长期的共同生活中积淀而成的，是许多社区能够成为相对完整和相对独立的社会实体的一个条件和特征。另外，还有社会规范，包括习俗道德、宗教、法律、制度和公约等，它提供社会倡导的行为模式，控制、制裁越轨行为。

（4）社区意识

社区居民具有一定的社区意识。即社区居民对自己所属社区有认同、喜爱和依恋的心理归属感。这种归属感是社区生活对其成员的心理长期影响的结果。有无社区意识，也是衡量社区是否成熟的标准，因为，如果一个地方的居民毫无社区意识，相互之间因缺乏凝聚力而很难共同生活，就形不成一个社会共同体。

（5）社区组织

作为具有多重功能的地域性社会生活共同体，社区是一个有组织、有秩序的社会实体。由于社区存在着许多公共事务需要处理，从而使得或大或小、或多或少的社区组织成为不可或缺的重要因素。社区组织是把个人组合起来的手段，是个体进行社会化的重要形式。

（6）社区生活设施

人们的生活、活动要有必要的物质手段做保证，比如社区要有商饮服务业系统、文化教育卫生系统，以及其他社会福利设施。没有这些生活服务设施，或者这些生活服务设施不完备，就会影响社区居民的生活，也会影响社区的稳定和发展。生活服务设施的数量和质量如何，是衡量社区发展水平的一个重要尺度。

（三）社区的分类

社区是由人口、地域、各种生活服务设施、社区组织、社区文化和社区意识等要素构成的一个社会实体。由于各社区的要素、内容及结合方式存在着这样或那样的区别，从而形成了不同类型的社区。社区类型的多样性是一种客观的社会现象，科学地揭示这一现象对于深刻地认识社区、对开展社区建设具有十分重要的意义。

1. 按社区的社会关系性质划分社区类型

这是最传统的划分方法。滕尼斯以此标准将社区划分为通体社区和联体社区，通体社区是个人之间自然意愿的结合，联体社区则是理性意愿的结合。迪尔凯姆以此为标准将社区划分为机械团结的社区和有机团结的社区，前者建立在共同的价值观、共同的生活方式基础上，后者建立在分工合作的有机联系基础上。

现在，根据这个标准划分社区类型的具体观点很多。例如：根据处理社会关系时遵循的社会规范的类型和特点，把社区划分为保持传统的神圣社区、以明文规定的制度协调利益关系的世俗社区；根据社区的构成要素的相似性，把社区划分为构成要素基本相同的同质性社区、构成要素基本相异的异质性社区；根据社区内在的组成部分之间的联系程度、社区与外部环境的联系程度，把社区划分为联系程度较弱的封闭性社区、联系程度较强的开放性社区；等等。

2. 按社区的主要功能划分社区类型

社区是其成员多种活动的综合体，具有多种功能。但在同一个社区，有的功能居于主导地位，有的功能居于次要地位。主导性功能决定一个社区在整个社会分工、合作格局中担当某种特殊的角色。根据社区的主要功能，可以把社区划分为经济社区、政治社区、文化社区、军事社区等类型。经济社区是居民以生产经营活动为主，并主要表现为经济共同体一类的社区。按生产经营活动的种类，可以把经济社区再细分为工业社区、种植业社区、林业社区、牧业社区、渔业社区和商业服务业社区等。政治社区主要是指行政机构的聚居区。文化社区主要是指教育、科研、文化艺术单位比较集中的地区。军事社区是以军事活动和军事设施为主体的社区。

3. 按社区的规模大小划分社区类型

社区规模主要表现为人口数量的多少、地域面积的大小等等。在划分社区规模时，一般把人口数量作为最主要的测量指标。据此，我们可以把社区划分为巨型社区、大型社区、中型社区、小型社区和微型社区等等。巨型社区是指人口聚居的数量较多、地域面积很大的社区。而微型社区则是指人口数量很少、地域面积也比较小的社区。在我国有的学者建议，把上百万人口尤其是数百万人口的城市以及相当于这一规模的市辖区看作大型社区；把十万到几十万人口的城市以及相当于这个规模的市辖区、居民区看作中型社区；把拥有几万人口的居民区、小城镇、集镇区以及城市街道办事处辖区共同体看成中小型社区；把农村中的村落和城市中的居民委员会辖区共同体等看作微型社区。

4. 按社区的形成方式划分社区类型

社区的形成方式是不同的。有的社区是自然形成的，即人们在长期的共同生活中逐渐扩展而成。它常常以河流、湖泊、空地、山林等作为自然性边界的标志。这类社区可以称作为自然性社区，其最典型的形式是农村中的自然村。有的社区是出于社会管理的需要而设置的。这类社区可以称作为法定性社区，如城市中的区政府辖区共同体、街道办事处辖区共同体、居委会辖区共同体以及农村中的"行政村"，等等。法定性社区的边界虽然主要是出于行政管理的需要而划定的，但往往也以自然性社区为基础，出现自然性社区与法定性社区相重合的现象，如农村中的许多自然村同时也被划定为"行政村"，一个小城镇同时也是建制镇，等等。

5. 按社区的结构完整程度划分社区类型

尽管社区是一个地域性的社会共同体，具有多重功能，但有些社区的构成要素比较全、功能比较完整，有些社区构成要素比较少、功能比较单一。据此，我们可以把社区划分为整体性社区和局部性社区。整体性社区基本上具备了人类社会所包括的主要方面，并且能够满足绝大多数居民的主要需要，例如，一个城市、一个集镇区等等。在这类社区中，既有供人们进行生产经营活动的设施，又有供人们进行政治、文化活动的条件和设施，还有满足人们日常需要的机构。绝大多数社区成员的经济、政治和文化活动都是在本社区范围内进行的，如一个城市。局部性社区只是整体社区的一部分，它虽然也包括构成社区的主要因素，但不能满足绝大多数成员的各种生活需要，不能完整地反映社会结构体系。如我国城市的街道办事处辖区共同体、居委会辖区共同体就属于这类社区，它们作为城市社区的组成部分，主要是社区成员的日常生活基地，其中许多人的职业生活、交往活动、文化教育活动等都是在本街道或本居委会辖区以外进行的。

6. 按综合标准划分社区类型

对社区使用综合标准进行分类，是指同时按照经济结构、人口密度、规模大小组织特征、文化模式等标准进行分类，将社区划分为农村社区和城市社区两大类型。这是一种最基本、最主要的分类。城市社区也可以叫作都市社区，即人口密度大，大多数人从事工、商业生产活动的区域社会；农村社区则是人口分散、大多数人从事农业生产活动的区域社会。其他的分类标准还有很多。社会学家亨特和沙特斯根据社区规模和居民认同感的程度，把社区划分为：面对面的街区，其规模大概是城市的一条街或一条街的一部分，居民相互认识，人们以家庭所在地为核心开展日常活动，具有共同感的邻里关系，处于某一街区或几个街区内的人们已经形成并认识到他们共同的社区利益，而且有可能组成团体来保护自己的利益；标准社区，它具有与其他社区区别开来的明显的特征；扩大的社区，常常指一个城市的整个地域。为了了解社区的发展历史，将社区划分为流动性社区、半流动性社区和固定性社区。根据社区的地貌，将社区划分为平原社区、山区社区、高原社区、滨海社区等等。

（四）社区的基本特征

1. 地域性

社区总要占有一定的地域，形成人类社会活动高度集中的地域空间，它以各种基础设施、生产设施和生活设施作为自己的载体。社区存在于一定的地理空间中，但它并不是纯粹的自然地理区域，而是社会空间和地理空间的结合。社区的自然环境形成社区的地理空间，它既构成社区存在的最基本的物质基础，也是人们活动和社区发展的制约条件。社区内的各种社会关系社会组织和社会文化等精神因素形成社区的社会空间，它既是人类社会实践的结果，也是构成社区成员生产和生活、社区建设和发展的基本条件。社区就是社会空间与地理空间的统一，当然，二者不是一一对应的，如中国作为一个地理空间，其中就存在许多社会空间。社会不注重地域的概念，社会是指人类社会关系的总和，强调的是社会关系、社会群体和社会组织。

2. 共生性

社区由一定数量的人口构成，人们长期在一个地域内共同生活，形成共同的利益，也常常面临共同的社会问题，需要采取共同的行动来解决这些问题，因而在社区成员之间存在共同的需要。一个社区有其独特的社区意识，它通过社区成员共同的价值观念行为方式体现出来，具体表现为社区成员共同的理想目标、信仰、风俗习惯和归属感等，社区意识可以增强社区成员之间的凝聚力。社区是具有相对完整意义和相对独立意义的社会单位，有自己的组织结构，其中既有生产组织、生活组织，也有管理组织和相应的管理制度，还有家庭邻里等群体，使人们在群体中生活，并遵循共同的社会规范。这些因素的共同作用，使社区成为人们生活的共同体。社会则是由因社会分工不同而处于不同位置、担负不同职能，因而在思想观念、生活方式、行为方式等方面都具有不同特点的人们组成。与社区成员相比，社会成员之间的差异具有复杂性和多样性，社会成员之间的冲突和矛盾也较突出。在社会文化、社会规范等方面，社会成员之间的差别也较大。

3. 亲密性

社区核心内容是社区成员之间的各种社会活动和互动关系。社区就是在人们经济的、政治的、文化的各种活动和日常生活中产生互动，形成多种关系并由此聚居在一起而形成。同处一个社区内，人们有共同的需求，经常进行共同的活动，人们有共同的生活目标，遵循共同的行为规范，因而人与人之间的交往频率高。社区内存在多种群体，尤其是家庭、邻里、朋友群体使社区内的人际关系具有明显的初级关系特征，婚姻和亲属关系、邻里关系、朋友关系使人们处于"共同生活"之中，社区成员之间面对面接触频繁。社会成员之间的关系具有间接性和多元性，社会成员间的接触不一定是直接的、面对面的，社会成员之间也基本上不存在共同的行动和共同的生活。与社区成员之间的亲密无间的关系相比，社会成员之间的关系是较疏远的，社会中的人际关系主要表现为次级关系。

4. 专门性

这是就社区的功能而言的。笼统地讲，社区具有多种功能，但具体到某个社区，其功能是很明确和专门化的。通常把社区分为城市社区和农村社区，城市社区往往是社会中的一个经济、政治、文化中心，它的主要功能是向社会提供工业产品，农村社区则主要为社会提供农副产品。城市社区在功能上又分为商业区、教育区、工业区和生活区等等。社区功能的专门化不是指社区功能的单一性，而是指在多种功能中有一种主导性的功能。社会一般都是结构复杂具有多种职能的体系。

二、城市社区概述

（一）城市社区的出现和发展

城市社区出现于社区发展过程的第三个阶段，其蓬勃发展于工业革命以后。城市社区出现的途径如下。

（1）因防御的需要而出现。城市社区为满足防御的需要而出现，这方面的观点在我国许多古文献中有记载，如在中国最早的文献《易·论卦》中说："王公设险以守其国。"《礼记》的《礼运篇》云："大道既隐，天下为家，各亲其亲，各子其子，大人世及以为礼，城郭沟池以为固。"城市是在战争中出于"设险防固"

的需要而设的军事防御设施。

（2）因优越的地理条件而兴起。中国历史上许多城市出现在河川渡口、雄关险隘或交通方便、自然条件好的地带。《管子》书中的《乘马篇》总结了中国古代城市兴起的地理条件："凡立国都，非大山之下，必于广川之上，高勿近旱而水用足，勿近水而沟防省，固天材，就地利。"注重发现和利用地理优势。

（3）因经济交换的需要而产生。《易经》云"日中为市"；《国语》说"争利者于市"；《史记》写到："古未有市，若朝聚井边货卖，日市井。"由此看来，在我国古代，城市的出现和商业性的集市贸易有密切的关系。集市贸易不仅推动了城市的兴起，也保证了城市的发展。城市的出现是政治、军事、经济和自然因素的综合产物。

在农业时代，城市的发展是缓慢的；在工业革命后，城市的发展进程加快。在西方，工业化引发了城市化的潮流。由于工业的迅猛发展，大量的农村和小城镇发展成为大城市。机器大工业需要大量的劳动力集中起来生产，导致大量的农村人口从农村流向城市。工业人口的集中又要求有一定的服务设施作基础。大工业生产出的大量产品也推动各类市场及相关设施的发展。在这些因素的作用下，城市的规模越来越大，城市的结构越来越复杂。恩格斯在《英国工人阶级状况》一书中对这个问题有详尽的描述："大工业革命需要许多工人在同一个建筑物里面共同劳动，这些工人必须住在附近，甚至在不大的工厂近旁，他们也会形成一个完整的村镇，他们都有一定的需要，为了满足这些需要，还需有其他的人。于是手工业者、裁缝、面包师、泥瓦匠、木匠都搬到这里来了，这种村镇里的居民，特别是年轻的一代，逐渐习惯于这种工作，当第一个工厂很自然地已经不能保证一切希望工作的人都有工作的时候，工资就下降，结果新的厂主搬到这个地方来，于是村镇就变成了小城市，而小城市又变成了大城市，城市越大，搬到里面来就越有利，因为这里有铁路，有运河，有公路，可以挑选的熟练工人越来越多，由于建筑业和机器制造业中的竞争，在这种一切都方便的地方开设新的企业，比起不仅建筑材料和机器要预先从其他地方运来的比较遥远的地方，花费比较少的钱就行了，这里有顾客云集的市场和交易所，这里原料市场的成品与销售市场有直接的关系，这就决定了大工厂城市惊人迅速成长。"在中国，城市的出现和发展与政治、军事有关。古代的城市是统治臣民管理国家的政府中枢，是防范外来入侵和应对战争的堡垒，城市的兴衰与朝代的更替有很大的关系。我国的大部分城市也是在近、现代兴起的，尤其是沿海城市发展迅速。出现这种现象的主要原因是：帝国主义势力的侵入迫使沿海地区成为通商口岸，与此同时，发育较早的内地城市却在帝国主义政治、经济侵略下衰落。中华人民共和国成立后，我国工业经济的快速发展为城市的发展提供了千载难逢的时机，城市以前所未有的速度发展。

（二）城市社区的概念

虽然城市社区的研究已有 100 多年的历史，但对"城市"的界定并没有一致的认识。在这仅列几种代表性的观点：（1）1971 年联合国出版的《人口统计年鉴》指出，多数成员国把 1000~10 000 人作为划分城市的最小规模，联合国把 2 万人作为城市人口规模的下限。（2）美国人口统计局在 1979 年提出"标准大城市统计区"的概念，认为中心城市是：人口超过 5 万，周围地区已经城市化，非农业人口在 75% 以上。（3）我国规定，在以下两个基本条件下可以设市：聚居人口在 10 万以上的城镇；聚居人口不到 10 万，却是省级国家机关所在地，或是重要工矿业基地，或是规模较大的物资集散地，或是边疆地区的重要城镇，并且确实有必要由省、自治区领导的，可设市的建制。人口规模、行政地位与行政区域、职业构成是界定"城市"时普遍使用的要素。若从社会学的角度揭示"城市"的内涵，则会发现文化要素的重要性。

马克斯·韦伯从市场的特征出发认识城市的本质；齐美尔从经历、态度、行为特征的异同点分析城市社区；帕克则从人文生态学的角度对城市社区进行分析。

综上所述，界定城市社区可以运用地理、人口、经济和文化四个方面的因素。可以这样给城市社区下定义：城市社区是大规模的异质性居民聚居的，以非农业人口为主的，具有综合功能的空间地域的人类生活共同体。

（三）城市社区的类型

（1）日本城市专家高野史男在《世界大城市》一书中，根据城市起源的不同背景、不同的人文生态布局，把世界城市划分为五类：第一，欧罗巴型。其特点是城墙包围着城堡，在市中心有市民集会的广场大教堂以及工商组合的事务所

（即后来的市政厅），城市由这些工商业市民管理。第二，阿美利亚加型。其特点是城市既没有欧洲城市中常见的城墙，也没有中心广场和大教堂、市政厅等，代之而起的是耸入高空的摩天大楼，水泥建筑鳞次栉比的商业中心。第三，亚细亚型。其特点是城市在形成过程中起主要作用者不是市民，而是政治上的统治者：皇帝、国王或封建领主。第四，中东型。其特点是城市必须有伊斯兰教大清真寺和为游牧民、商队等设置的集市和商场。第五，其他类型。

（2）按人口规模把城市划分为小城市、中等城市、大城市和特大城市。在我国100万人以上的为特大城市；50万~100万人的为大城市；20万~50万人的为中等城市；10万~20万人的为小城市。在日本，特大城市、大城市的规定与我国相近，中等城市为10万~50万人；小城市为1万~10万人。

（3）按城市社区的历史发展进程，可以分为原始集市、城市、都会、都会带。

（4）按城市功能的不同，可划分为：制造业城市、零售城市、批发城市、分化的城市、运输的城市、矿冶城市、教育城市、旅游城市、其他城市。

（5）按城市社区的发展程度，可以分为：前工业城市、后工业城市。

（6）按城市社区的区位，可以划分为：内围城市社区、外围城市社区、卫星城社区。

（7）在我国，按行政可把城市划分为：中央下辖市、省直辖市、地区直辖市。

（四）城市社区的特征

与农村社区相比，城市社区在人口、社会关系、组织结构、社区文化方面具有自己的特点：

（1）经济特征：经济活动复杂，商品经济发达。从历史上看，城市的产生就是以手工业者和商人的聚集为基础的，近代城市社区是工业、商业、运输业服务业等非农业产业迅速发展的结果。城市居民的主要谋生方式和主要职业是从事工商业。因此，城市经济的运作过程要比农业经济复杂，在经济运行的生产、分配、交换和消费过程，都需要复杂的决策、计划、实施、管理控制和反馈等活动，需要对各种资源进行合理配置。工商业经济的商品性强，其运转过程离不开商品交换活动，无论古代的小商品经济，还是发达的现代市场经济，都主要以城市为活动场所。较发达的商品经济使城市的经济结构复杂化。城市经济的本质特征是空间集中的经济，可以说，城市经济因人口、企业和各种活动的空间聚集而产生，又因空间聚集而发展壮大。空间聚集既是城市吸引力产生的原因，也是各类问题产生的根源。空间聚集使城市经济具有显著的聚集经济效应，这种效应意味着企业可以获得更高的利润。居民可以得到更多的效用，从而促使城市经济进一步聚集。但当聚集超过一定程度时，也会发生"聚集不经济"问题，如因空间聚集引起的地价上涨、交通拥挤、环境污染等等。这些问题会导致城市的郊区化倾向，甚至导致城市中心区乃至整个城市的衰落，也会导致新的城市的兴起。

（2）人口特征：人口密度高，人口聚居规模大，社会成员的异质性高。人口密度高、人口聚居规模大是城市人口区别于农村人口的最显著的特点。城市本身就是人口密集聚居的结果，它的非农性质的社会特点、工商业为主体的经济结构，使城市既需要也能够容纳高密度、大规模的人口。许多研究也发现，城市规模大，有利于提高城市的经济效益和社会效益，有利于提高城市对周边地区的辐射力和吸引力。不可否认的是，人口过分集中于城市，也会导致住宅紧张、活动空间狭小、交通拥挤以及犯罪和精神失常等社会病态现象的出现。城市社区人口的高度异质化也是城市社区的一大特点。其一，文化素质差异大。城市社区成员是由大专以上文化层次（博士、硕士、学士及同等学力）人口、中专（技校）或高中（职业高中）文化层次人口、初中文化层次人口和小学以下文化层次（小学、半文盲或文盲）人口等多种文化程度层次的人口群体组成。其二，职业群体的构成多样化。在城市社区，有产业工人群体、服务业劳动者、专业技术人员和行政、企业社会管理人员。在每个职业群体内部，又有不同的工种或亚职业群体。职业结构的复杂化使城市社区成员的职业分化程度相当高。其三，居民观念和生活方式多元化。社区成员类型不同，其行为方式和生活风格也不同，从而使城市社区的文化现象和生活方式五光十色，丰富多彩。城市社区成员的异质化、城市生活的复杂性在一定程度上决定了社区建设和社区事务的复杂性。

（3）社会组织特征：结构复杂，流动性强。与乡村社区相比，城市社区的组织规模大、数量多、内部结构复杂，正式组织占主导地位。城市社区组织的显著特征是：组织结构科层化，科层制组织是现代社会组织的一种宝塔式的组织结构和管理模式。组织系统存在监督机制，组织由多个部门按平行关系和垂直关系组成，各部门的职责、权限都有明确的规定。有明确的规章约束组织成员，组织成员要掌握一定的专业知识和技术等等。各种组织均为次级群体，成员以专业联系为纽带，业缘关系取代了亲缘关系，城市社区成员之间的交往主要是不同社会角色之间的非人格化的交往。城市社区组织体系非常复杂，组织系统多元化，有国家权力机关行政机关、司法机关，有企业事业单位，还有日益兴旺发达的社会中介组织，并且各组织系统之间又存在千丝万缕的关系。同时，由于人口过密，社会政治、经济、文化活动高度集中，社会关系间接且复杂，社会矛盾和冲突多，社会成员的社会流动性大。

（4）社会交往特征：非个性化。由于城市社区人口具有异质性和高度流动性等特点，使城市社区的社会关系具有匿名性，非个性化特征明显。城市社区成员要同大量的陌生人交往，即使熟悉的社区成员之间也不如农村社区成员那样经常见面。由于人际关系的疏远，使人与人之间容易产生疏离感和相互戒备意识，这就产生了社会交往的匿名性，这种匿名性，一方面使得个人的活动范围较少受到社会约束，另一方面也给人们相对较多的成功机会。非个性化也称为非人格化。城市人口众多，社会关系又不固定，使社会交往表面化，同时，城市社区的社会分工程度高，又使得人与人之间产生各种需求和依赖。因此，人们在日常交往中容易采取对事不对人的态度，对每一件事的态度和处理方式，仅仅限于程式化的过程而没有任何感情的投入。

城市居民在这种异质性很高的社会环境中，慢慢地产生较为宽容的态度，也就是"见怪不怪"。这种求同存异的心态使新生事物甚至稀奇古怪的东西都能够在城市立足，这种宽容性使城市居民能够多元化地发展。

（5）社区心理特征：理性化、功利化。从经济学的角度讲，理性的基本含义有两个方面：其一是指个人理智地计算自己的利害得失；其二是指个人追求自己的利益最大化。显然，理性与冲动相对。这种理性在城市现实生活中的表现，就是市民以效率和效能作为衡量和评价日常生活的标准，凡事讲求效率，权衡利弊，且时间观念强。与此相关，市民心理的功利性明显。这一特点主要表现在两个方面：一是讲求实效；二是讲求实惠。城市人注重结果，注重切身利益，这是讲求实效的一面；讲求实惠则是指对现实的、当前的利益感兴趣，对与己无关的事情则漠不关心。市民心理上的理性化、功利化取向，也从人际交往中情感淡漠体现出来，利害得失重于情感得失，使城市人看起来孤独、冷漠。

（6）社会生活特征：生活质量高，生活内容丰富多彩，生活节奏快。城市居民的生活质量和生活水平比农村居民高。生产方式的两个方面就是生活质量和生活水平，前者反映生产方式质的一面，后者反映生活方式量的一面，其具体表现为人们生活需要的满足程度。不管从历史上看，还是从现实来看，无论是在发达国家，还是在发展中国家，城市居民的生活质量和生活水平都高于农村居民。之所以出现这种现象，是因为城市经济社会发展水平高、城市居民的收入水平高，相应地，城市居民的消费支出水平也高。城市基础设施、生活设施的复杂性、完备性要高于农村社区，为城市居民提供了良好的生活环境和生活条件，使他们的物质生活和精神生活的内容都比农村居民丰富。城市的经济、社会活动的特点决定了城市生活的快节奏。城市工商业经济活动社会文化活动都是高效率、快节奏的，城市也是新的生活方式的策源地，城市生活具有易变性，新的时尚容易流行，新的思想观念容易产生传播，使城市居民的生活紧张程度高于农村居民。

第二节　社区体育概述

一、社区体育的概念和构成

（一）社区体育的概念

社区体育是改革开放以来我国群众体育实践中出现的一种新生体育形态。社区体育在我国 20 世纪 80 年代末才出现。许多人不了解社区，更不知道"社区体育"是什么。有的人认为社区体育不过是群众体育的别称，有的人认为社区体育就是社会体育，还有的认为社区体育仅仅是街道系统内的体育等。对社区体育概念的模糊，导致社区体育的开展进入误区，从而影响社区体育的发展。因此，了解社会体育的概念是非常重要的。

如何界定这一体育形态，且准确地揭示其内涵、确定其范围，有一定的难度。困难主要来自两个方面：一是，我国的社区体育虽已显示出强大的生命力，但就其发展过程来看，还处于初期发展阶段，还远不成熟。因此，这一体育形态的内在规律尚未充分表现出来。二是，长期以来，我国群众体育理论研究落后于实践的发展，这种理论的滞后性也影响到了对社区体育的认识。可喜的是，近年来，一些学者已开始对社区体育进行探索，并在社区体育的定义，上做了有益的尝试，初步形成了以下一些观点。

李建国（1994）："社区体育是在居民生活圈内由居民自主地进行的群众性体育活动，并且是通过体育活动建立相互良好关系和共同意识，促进地区社会活性的一种社会活动。"

王凯珍（1994）："城市社区体育是指在城市微型社区中开展的区域性群众体育活动。"

肖叔伦（1994）："社区体育就是以城市基层社区为单位，以社区成员为主体，实行政府部门支持，体育部门指导，社区部门参与，为社会成员提供体育社会保障的群众性的体育活动。"

政协"城市社区体育专题"调查组（1995）："我国大中城市社区体育是以街道辖区为组织单元，以社区成员为参与主体，以满足社区成员的体育需求，增进社区感情为主要目的，就地就近开展的区域性体育。"

其后，该组织又提出："城市社区体育是以街道辖区为组织单元，以社区成员为参与主体，以增进社区成员的身体健康、促进交流为主要目的，就地就近开展的区域性体育。"

河南省政协医卫体委员会（1995）："社区体育是以政府和社区相结合，组织和管理群众体育活动的一种形式，对象非常广泛，涉及辖区内的各类人群，是一个社会的综合体。"

内蒙古自治区赤峰市红山区体委（1996）："社区体育就是在办事处辖区内，在政府职能部门的指导下，由办事处领导的、由社区有声望的单位和个人牵头，发动社会力量（即驻这一地区中企事业单位部队、街道居委会等），组织辖区的所有单位和全体居民，开展形式多样的竞技和群众性竞赛体育活动。"

1997 年 4 月 2 日，由国家体委、国家教委、民政部、建设部和文化部联合下发的《关于加强城市社区体育工作的意见》中将城市社区体育界定为："主要是在街道办事处的辖区内，以自然环境和体育设施为物质基础，以全体社区成员为主要对象，以满足社区成员的体育需求，增进社区成员的身心健康为主要目的，就地就近开展的区域性的群众体育。"

以上这些定义尽管着眼点各有侧重，都概括出了我国城市社区的核心内容就是社区居民为促进身心健康，打破行业、单位界限，就近就便，自愿参与的体育活动。我们这里讲社区体育，明确是指城市社区体育，目前，我国农村并没有现代意义上的体育。在城市与农村之间，还有大量的兼具城乡特点的小城镇，据其发展趋势，可将小城镇划归城市范畴。

虽然人们对社区体育定义的表述可能有所不同，但社区体育所包含的内容却是比较清楚的：

（1）社区体育的主要对象是全体社区居民。

（2）社区体育的主要目的是通过体育活动，促进社区居民的生理、心理和社会行为三个维度的全面健康。

（3）社区体育的性质是开放的，具有横向联合、多方协作的特征，与封闭性的"条条体育"有本质的不同。

（4）社区体育具有极大的方便性，为社区居民提供易于参与的体育条件，使居民的健身需求能比较方便地在居住地附近得到满足，从而使体育生活化。

（5）社区体育的关键在于启发居民自身内在的体育动机，激发居民自觉的体育参与意识，保持居民自愿的参与欲望。综合国内外对社区体育的界定，可以认为：现阶段我国社区体育是指在人们共同生活的一定区域内（相当于街道、居委会辖区范围以及乡镇和自然村等），以辖区的自然环境和体育设施为物质基础，以全体社区成员为主体，以满足社区成员的体育需求、增进社区成员的身心健康、巩固和发展社区感情为主要目的，就近就便开展的区域性群众体育。

（二）社区体育的构成要素

根据社区的定义和目前我国社区体育的现状，社区体育是由六种要素构成的一个体系（图1-2-1）。

社区体育组织是构成社区体育的保障系统，是影响社区体育经常化的基本因素。它担负着确定目标，进行人、财、物和时间等资源的合理配置，建立社区体育内部要素间及社区体育与外部环境的各种联系，从而成为统领社区体育的整合性要素，对社区体育的发展起着主导作用。

```
                    ┌──────────────┐
                    │   社区体育组织   │
                    └──────────────┘
        ┌──────┬────────┴────────┬──────┐
        ▼      ▼                 ▼      ▼
   ┌────────┐┌────────┐    ┌────────┐┌────────┐
   │  人员  ││ 物质条件 │    │  时间  ││  经费  │
   ├────────┤├────────┤    ├────────┤├────────┤
   │ 指导者 ││  场地  │    │社区成员的││社区体育 │
   │ 参与者 ││  设施  │    │ 余暇时间 ││活动费用 │
   └────────┘└────────┘    └────────┘└────────┘
        └──────┴────────┬────────┴──────┘
                        ▼
                 ┌──────────────┐
                 │   社区体育活动   │
                 └──────────────┘
```

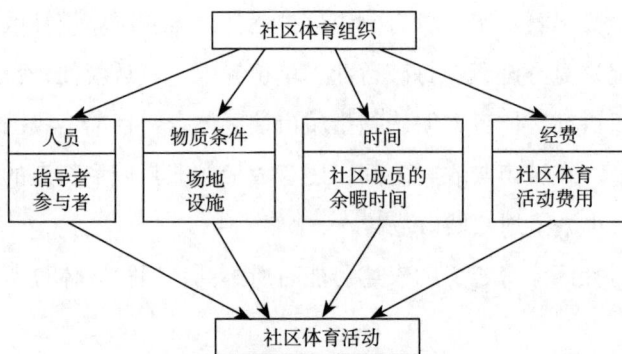

图1-2-1 社会体育构成要素及相互关系

社区体育活动是社区体育的出发点与归宿，是社区体育组织的直接目标。社区体育的一切功能都是通过具体的社区体育活动实现的。开展体育活动是社区体育的目标要素。

社会体育的指导者和参与者是社区体育的主体，是社区体育物质要素的创造者或使用者，也是社区体育的承担者，是联系社区体育各要素之间的纽带。社区成员在体育活动中形成了一定的相互关系，这些关系既是他们活动的结果，又是他们赖以进行体育活动的条件。社区成员根据自己的需求在体育指导者的组织和指导下，参与体育活动，学习掌握体育锻炼的知识和技能，以满足自己身心合理发展的需要，从而构成社区体育的核心要素。

体育场地设施、社区成员的共有余暇时间和必要的活动经费则是支持社区体育开展的必要条件，使社区体育在空间、时间和能源三个基本维度得到立足点，是社区体育的支撑要素。体育活动场所的大小在一定程度上影响着人们的体育活动状况。当人们产生体育需求之后，就需要在一定的活动空间满足自己的需要，对空间的占有性是体育这种文化的特殊性之一。因此，场地条件便成为社区体育的重要前提。

社区体育的这些构成要素相辅相成，组成了完整的社区体育系统。但是，应该明确：不同层次、不同类型的社区，其社区体育要素的完整程度和发展水平有明显的差异；社区体育诸要素之间的关系是否协调，对社区体育发展有重要影响。因此，始终保持社区体育诸要素协调发展是社区体育工作的一个基本原则。

二、社区体育的分类和研究

（一）社区体育的分类

1. 按参与单元和活动范围分类

现实中的社区体育参与单元和活动范围种类较多，通常可以分为个人体育、家庭体育、邻里体育、微型社区体育和基层社区体育五种。社区体育既可按个人、家庭、邻里（楼群、庭院或胡同）、居委会（微型社区）和街道（基层社区）为单元参与不同规模的体育活动和竞赛，又可以个人锻炼的形式或在家庭、楼群（胡同）、居委会和街道范围内开展体育活动和竞赛。

2. 按消费类型分类

按消费类型可以分为福利型、便民利民型和营利型三种。福利型社区体育面向老年人、儿童、残疾人社会贫困户、优抚对象等特殊人群；便民利民型社区体育面向全体社区居民；营利型社区体育面向中、高收入人群，白领人群。

3. 按活动时间分类

按活动时间可以分为日常性体育活动（晨晚练）、经常性体育活动（俱乐部活动）和节假日体育活动（节日、周末和学生寒暑假体育活动）三类。

4. 按组织类型分类

按社区体育的组织类型可以分为自主松散型和行政主导型两种。晨晚练体育活动点、辅导站、社区单项（人群）体协等为自主松散型社区体育；社区体育服务中心、社区体育俱乐部、街道社体协等为行政主导型社区体育。

5. 按参与人群分类

按参与人群分类可以分为婴幼儿体育、学生体育、在职人员体育、离退休人员体育、特殊人群体育和流动人群体育六类。

6. 按活动空间分类

按活动空间可以分为庭院体育、公园体育、单位辖区体育、公共体育场所体育和其他场所（空地、广场、江河湖畔等）体育五类，还可以分为室内体育和户外体育。

从二元社会结构的角度，可将社区体育分为城市社区体育和农村社区体育；从我国经济学界新三元经济结构论的角度，可将社区体育分为城市社区体育、集镇社区体育和农村社区体育；从城市行政区划的角度，可将在整座城市、市所辖的区、区所辖的街道、街道所辖的生活小区开展的体育活动都称为社区体育；从社区体育研究的角度，还可将研究的触角深入到工业社区、文化社区和商业社区等。

（二）社区体育的研究

1. 国外社区体育研究

国外社区体育研究始于20世纪六七十年代，其原因与经济高速增长和社会变革有较大的关系。社区体育研究是社区研究的一个分支，多为应用性研究。从欧、美、日近年来的研究情况看，已经由刚开始对社区体育概念及开展的项目等方面的研究发展到现在对社区体育产业、政策法规，对社区体育的影响和社区体育的运行机制等方面的研究。运用社会行动理论，对社区体育参与、社区体育组织结构、社区体育模式社区体育方法等方面的研究较为多见，归纳为如下几方面。

（1）社区体育参与研究多为体育人口调查和体育活动状况评价，其中体育人口研究不仅就年龄、性别、健康状况等进行研究，近年来更多采用多层次（频度、强度、时间等）研究，不仅对参与者，更注重对潜在人口、特殊人群的研究。日本有学者提出"参与"理论，即现代社会由于传媒和体育组织的发达，几乎100%的人口都与体育有关系，只是参与方式不同而已。在体育活动评价研究中已逐步摒弃就事论事的现状分析方法，更多地从生活角度研究体育活动与居民生活的关系。

（2）社区体育组织研究主要集中在组织结构和俱乐部研究两个方面。组织结构研究多为组织构成、成员关系、关键人物等方面，俱乐部研究多为形态类型研究和俱乐部经营研究。例如，《国际大众体育信息》2000年第8、9、10期的《日本基层大众体育的管理体制》《日本综合型社区体育俱乐部介绍》等。

（3）社区体育模式主要集中在体制研究方面，但往往以个案研究为主。其中，美国的社区公园、欧洲的社区俱乐部、日本的社区公民馆等具有典型意义。

（4）社区体育方法研究主要包括社区服务保障体系（如社区体育设施指导研究）、社区推广运动（如德国的家庭奖章制度、日本的"挑战日"活动）等。社区服务保障研究近年来在强调志愿者作用的同时，更注重对社会（含政府）援助的研究，更注重为特殊需要服务（如残疾人的体育参与）。欧美的社区体育研究多采用大社区（城镇）概念，与我国基层社区概念有较大差异，而我国基层社区体育主要表现为俱乐部活动，故多集中在小团体研究方面。这说明西方社区体育管理模式与我国有较大差别，在成果参考方面有一定困难，但西方社会学理论和社区研究理论对社区体育研究有较大的参考价值。尤其是我国正处在社会转型时期，西方发达国家在转型过程中所出现的问题，也必然会不同程度地出现在我国，故从实践角度看也有一定的借鉴价值。

2. 我国社区体育研究

我国社区体育研究始于20世纪80年代中期，当时正值小城镇研究热，由此带动小城镇体育研究，出现了以江苏省体育科学学会体育社会学分会为代表的学术团体。20世纪80年代后期，以中科院社会学研究所为首的中国城市发展模式研究，带动了我国城市发展战略研究。社区作为城市的细胞，社区体育作为城市文化也被作为战略措施成为研究对象，从而揭开了社区体育研究的序幕。但真正独立地对社区体育展开研究主要在20世纪90年代初期，如1991年国家体委在天津召开了"全国部分城市社区体育工作研讨会"，其主要内容是对社区体育的概念作了讨论；1993年11月举办的首届全国职工体育论文报告会上，征集到七篇涉及社区体育方面的论文，内容主要集中在社区体育界定、社区体育组织社区体育现状和社区体育发展模式等方面。从研究情况来看，属于研究框架建立阶段，此后，社区体育研究呈逐年上升趋势。1995年为配合《体育法》和《全民健身计划纲要》的出台，对社区体育的性质、功能的研究有所加强。1996年底的首届全国社区体育工作会议，将社区体育作为社会发展和体育改革的重要组成部分，从目标、体制、组织、设施、经费等各方面加以规定，全面推动了我国社区体育研究的发展。1997年在第五届体育科学大会全民健身专题论文报告会上，有关社区体育的论文占了46%。2000年召开的第二届全国社区体育工作会议征集到论文四十余篇，对目前我国社区体育发展模式、基础理论、趋势、存在问题等方面加以研究。2000年12月在第六届体育科学大会群众体育专题报告会上，有关社区体育的论文占了50%，这就形成了社区体育研究的热潮。

3. 我国社区体育研究的类型及方向

从研究内容来看，我国社区体育主要分三大类。第一类是基础理论研究，主要包括社区体育概念、性质、功能、构成要素等方面。其研究多借鉴西方社区研究理论和社会学知识，表现出较高的水平。但此类研究者较少，原因有以下几个方面：一是目前社区体育研究者多为体育工作者，过去对社区、社会学研究不太熟悉，因此反映在研究上成熟性较低；二是我国社区体育起步较晚，计划经济模式影响较深，社区体育发展还处于初级阶段，在一定程度上影响了研究的深入进行；三是我国社区体育研究的总量仍然很少，可参考的资料极少，社区体育著作几乎没有，外国参考资料也不多见，这也在一定程度上限制了社区体育研究的发展。第二类是应用性研究，主要包括社区体育管理、社区体育组织、居民需求研究等。此类研究结合现状调查和对策研究，为社区体育政策管理提供了大量参考依据。但由于是立足于现状制定的对策，其预见性较差，有时跟不上社区建设的发展。另外，由于我国地域广大，即使在一个城市中，不同社区的差异也较大，因此，普遍研究意义不大，故这类研究大多属于个案研究。因为个案研究不仅花费少，易深入，针对性强，个性鲜明，符合多元化发展方向，具有典型意义，在同类型社区中具有借鉴性。第三类是发展性研究，主要包括发展模式研究、社区体育政策研究社区体育与社会发展关系研究等。此类研究由于有明确发展目标，且多将社会发展作为因素或参考系统，有一定的研究深度，对社区体育发展作用较大。

三、社区体育的主要特点

（一）从社会发展层面看

从社会发展层面看，社区体育主要表现为活动范围的区域性、活动组织的民间性、体育活动设施的公共性以及活动方法的服务性。

1. 体育活动范围具有区域性

活动范围的区域性是社区体育最主要的特点。无论是参加体育活动的人员构成、场地设施，还是指导管理、经费筹措等都是以社区为范围的。由于社区体育的区域性特点，使得社区体育的自治、自主性比较突出。人们在自己的居住区，自主地开展有益于身心健康的体育活动，并在活动中培养共同意识、交流感情、形成良好的人际关系，从而使社区活力大大增强。

2. 体育活动组织具有民间性

尽管社区体育需要有组织、有计划地进行，但它完全是按居民意愿进行的体育活动。社区体育组织无论是综合性组织（如社区体协）还是类组织（如老年体协）、俱乐部等都有独立的组织机构和活动章程。是独立的社会团体，具有较强的民间性特点。由于我国社区体育起步较晚，虽然挂靠现象较为普遍，就其组织性质而言，其民间性特点是很突出的。目前，社区体育组织借助政府或其他机构的力量开展工作是社会转型过程中的过渡现象，也是社区体育组织得以顺利发展的重要举措。

3. 体育活动设施具有公共性

居住区的广场、绿化带、公园及其他公共设施都是社区体育活动可以利用的资源。社区体育活动设施的公共性，也反映了社区体育的公益性特点，即社区体育不仅是个人的事情，而且也是社区建设的重要方面，对社区发展具有积极作用。

4. 体育活动方法具有服务性

由于社区体育是以居民自愿参加，自主活动为主要形式的社会活动，因此根据居民的需求，提供相应的体育服务，就成为社区体育活动的主要方法。从当前的情况看，社区体育服务主要包括：（1）体育场地设施服务；（2）体育指导和咨询服务；（3）体育的组织管理服务；（4）体育活动计划和运动处方服务；（5）体育信息和情报服务。

（二）从体育活动层面看

社区体育首先是体育，应具备体育的基本特点。社区体育又与其他体育群域不同。学校体育和职团（简称"竞技"）体育是社会机制首先关注并持续扶助的社会公益活动领域。一部分社会成员不必做工务农，他们可以专门接受学校教育包括体育教学或专门从事运动训练和竞赛活动，他们的衣食住行完全得之于社会财富的二次分配。从这个意义上讲，学校体育和职团体育都是社会余暇的产物，而社会余暇性，也就成为学校体育和职团体育相对于一切生产行业所独有的一大特点。后起的社区体育，在这一点上与学校体育及职团体育形成鲜明对照，社区居民参加体育活动完全是在个人余暇时间内，即便社会机制开始予以关注，社区体育的开展也只能利用个人余暇时间，从这个意义上讲，社区体育的基本特点就是个人余暇性。

社区体育的重要特点，可能只有个人余暇性这一个，其他的一些，如健身性、强体性、娱乐性等，均不是社区体育的独具特点，其他体育群域也有这些效应及表现。从体育活动层面看，社区体育主要表现为居民个人的余暇性以及由此衍生出的高松散性、低竞技性、重自愿性、弱传习性、多缓慢轻柔、少投入消耗等特点。

1. 高松散性

社区体育多属社会成员个体行为，参加社区体育活动的社会成员是自觉自愿，他们参与的活动次数、组织或社团无严格纪律约束，表现为自由地、放松地、分散地活动。很多人可能都在从事体育锻炼，但他们彼此之间却往往各行其是，相互关联度低。

2. 低竞技性

社区体育一般不直接承担国家或社会的高水平的竞赛任务。社会机制对社区体育的赛事制约性也较低。只是社区基层体育为调动练习积极性、提高情绪、充分发挥练习者身体机能能力和培养道德意志品质而采用比赛法和游戏法，低层次地运用"竞争"因素，以获取参加基层体育活动的较大效果。从社区体育指导的角度来讲，应提倡适度竞争，因为竞争是体育事业的发展动力。

3. 重自愿性

社区各类成员参加社区体育活动的时间、地点、次数、项目及其运动量均属坚持业余、自愿自觉。即使有社会体育指导员的辅导和体育组织的管理，社区成员也在自愿接受和愿意遵守的前提下自由地进行的，因为这是在个人余暇时间内进行的，是以主体内在需要和个体爱好为特征的活动。因此，社区体育是十分明显的高度的自愿活动。

4. 弱传习性

所谓传习，即是教学。教与学主要是学校体育的基本任务，社区体育通常缺乏基本的教学条件，传授与学习运动技术一事在这里通常没有运作主体。但鉴于传统的社区体育尚未开启（目前全民健身计划搞的活动多不是体育活动而是医疗卫生及保健养护活动），而当代学校体育又特别不能令人满意（它没有为社区体育的开启提供必要的知识与技术基础），若放眼观之，社区体育在基础性运动技术传习方面可能将有所供需，但这种供需关系始终不会以系统传习为特征。

5. 多缓慢轻柔

这一衍生特点，是选择和确立社区体育内容与选择项目的主要依据。非生产性的个人余暇活动多选择动作轻缓、形式灵活、内容多样、动静结合、形神相随、内外兼顾、寓于趣味、富于轻松愉快的体育活动，作为社区体育活动的主要内容，这些内容尤其适应于中老年人和妇女等群体。

6. 少投入消耗

社区体育较之于职团体育、学校体育还在于所需的经费投入较少（不需要、也不可能像国家一线运动员那样需要国家数以万元计算的经费，也不像学生那样每年要数千元的体育经费），练习使用的场地器材的标准化、规范化程度不必要求太高，社区中的某些体育活动还可提倡因陋就简、自力更生、勤俭办体育，因此消费低廉。

四、社区体育的主要功能

社区体育的功能包括一般功能和特殊功能两部分。一般功能指任何体育形式对于参与者个体所具有的共同的功能，即体育的健身功能、健心功能和社会化功能。由于在《体育概论》《群众体育学》等教材中都有论述，这里就不重复论述。社区体育的特殊功能是指社区体育形态所具备的独特功能，主要表现在以下四个方面。

（一）促进居民参与，强化技术传习的功能

体育作为人们业余文化生活的内容之一，具有参与主体的广泛性、活动形式的感召性、活动内容的趣味性、活动效果的同步性等特点。这些特点对于吸引广大居民积极参与具有特殊的作用。社区建设成功与否，居民的参与至关重要，只有广大居民作为社区的主人，积极参与到社区建设和社区管理中去，才能在真正意义上形成社区意识和社区归属感，社区也才能成为个人社会化及其价值实现的通道。在职团体育和学校体育中均有运动技术的传习系统，社区体育如能顺势开展一些运动技术传习活动，不仅能对学校体育教学有缺憾感的居民有所补偿，而且也会使社区体育更具技术健身的模样。

（二）改善居民生活方式，维护社区秩序

科学文明的生活方式有助于提高居民的生活质量，维护社区秩序的稳定。颐养天年、延年益寿，是许多人参加体育活动的殷殷期盼，如今人们早已不再存留长生不老之幻想而更注重有限寿期内的生活质量，在有限生活中应尽力保持心情舒畅。舒畅的心情单凭物质条件的充盈远远不够，还需要适度的体能激励来做补偿。体育活动作为一种极具吸引力的有益的休闲活动，吸引了众多的居民参与到

其中，占据了居民的空闲时间，跑跑步，打打球，出一身汗，有一些争抢，使神经系统的兴奋过程得到强化，一定程度上抵御了不健康的生活内容的侵蚀，在改善居民生活方式方面发挥了积极的作用。

（三）加强社会整合，增强社区凝聚力

随着原有的社会调控体系—单位体制的解体，人们八小时以外的生活居住区—社区，将逐步成为新的社会调控体系，发挥着社会整合功能。社区体育向心聚合功能主要在家庭体育群体中得以发挥，保持家境和谐，维护社会"细胞"健康，其正向功能是主要的。社区体育在进行社会规范、满足居民体育需求、丰富居民业余文化生活、提高居民身心健康水平等方面发挥重要作用时，使居民在体育方面归属社区、依赖社区，从而通过社区体育加强社区整合、增强社区凝聚力。

（四）发展社区文化

社区文化有狭义、广义之分。最广义的社区文化指除社区政治、社区经济以外的所有社会现象。最狭义的社区文化仅指社区居民的文娱活动。社区体育的场地设施、体育内容、体育规章制度，表现出来的体育精神、道德风尚、居民的体育意识、体育价值取向等都是社区文化的重要内容。

五、社区体育健身的原则和路径

（一）社区体育健身的原则

体育健身活动的原则是人们长期身体锻炼实践经验的概括与总结，是身体锻炼规律的反映和进行身体锻炼的准则。

1. 自觉积极性原则

自觉积极性原则是指在体育健身活动中，使参加者明确锻炼目的，既能认真、刻苦地锻炼，又能积极思维、理解和掌握身体锻炼的知识、技能，把认真完成锻炼变成自觉行动。

2. 从实际出发原则

从实际出发原则是指应从实际出发，确定身体锻炼的目的、内容、方法和运动负荷。

3. 循序渐进原则

是指身体锻炼的内容、方法和运动负荷的安排与加大应有合理的顺序，运动动作的难易、技术的繁简，既不能急于求成，又不能墨守成规。

4. 经常性原则

体育锻炼必须持之以恒，才能收到良好的效果，达到预期的目的。要在体育锻炼中获得良好的效果，不是一朝一夕得到的，而是日益积累起来的。

5. 全面锻炼原则

是指体育健身活动应全面发展身体的各个部位、各器官系统的机能、各种身体素质和基本活动能力。

由于在人的生命活动过程中的各个阶段，对全面锻炼有不同的需要，所以应提出不同的要求，尤其是青少年和儿童生长发育阶段，应贯彻全面锻炼的原则，促进他们身体正常发育，打下全面发展的身体基础。成年阶段的全面锻炼，应使他们身体保持协调发展，各个方面的身体机能状态保持旺盛。而中老年人进行全面锻炼，应推迟和延缓整个身体机能状态的衰退。

贯彻全面锻炼的原则，应注意：第一，体育健身活动要力求全面影响人体，而在各个阶段应突出重点，适当照顾其他方面的发展。健身活动的内容和方法是多种多样的，而每个人的身体锻炼时间和体力都是有限的，对身体锻炼的具体内容每个人的爱好和身体条件又有所不同，为此要从全面出发。对于一个人来说，应有针对性地选择最有效的内容与方法，而在各个锻炼阶段，又应突出重点兼顾其他。第二，要充分利用外界环境锻炼身体，不断提高对外界环境的应变能力，健康是人体与自然界的平衡，因此，在进行健身活动时，要特别注意有机体要适应外界环境，同时把提高人体对外界环境的适应能力，作为健身活动的重要任务之一。为了提高适应外界环境的能力，不少人常年采用冷水洗脸，甚至在冬天用冷水擦身，其作用也是很显著的。

上述 5 个原则是相互联系的，在体育健身活动中应全面贯彻。在进行体育锻炼时，出汗较多或身体出现疲劳，以及气候的突变和环境的明显变化，都应特别注意衣着能否适应外界环境。为了达到健身的目的，不必操之过急地提出过高的要求，以免伤害身体或引起疾病。

（二）社区体育健身的路径

所谓健身路径，就是由不同器械组成的较系统地锻炼身体的方法。健身路径是"全民健身工程"的重要组成部分。从 1996 年 9 月在广州天河体育中心诞生第一条健身路径以来，全国建成并投入使用的健身路径共有 3000 余条。利用健身路径进行体育锻炼的群众人数已达百万，健身路径已成为大众健身的主要手段之一。

1. 健身路径的设计原则

（1）实用性原则：主要是指利用不同器械的同一类功能来发展人体的某一项素质。根据人体身体素质的分类，制定出发展不同身体素质的路径，如速度素质路径、力量素质路径、柔韧素质路径、协调素质路径、综合性路径。这样就使得群众不仅懂得应该怎样练，而且知道练什么，从而使练习的目的更加明确。

（2）针对性原则：主要是指在设计路径时，要针对锻炼者的实际情况进行设计，如针对老年人的路径、对妇女的路径等。这样可以使不同年龄组别的锻炼群体依据自身条件选择适合自己锻炼的路径进行锻炼。

（3）运动量适宜原则：主要是指设计各条路径时，要结合锻炼者的实际情况，如身体健康程度不同、年龄不同，或性别不同，而安排不同的站数，并具体规定每一站相应的练习负荷，以达到科学健身的目的。

（4）顺序性原则：指在进行各种路径锻炼时，身体各部位的练习要依据一定的顺序进行。遵循由下而上、由上而下或由大关节到小关节、由大肌肉群到小肌肉群的顺序进行练习。如力量素质路径，就可以依据先练上肢，再练腰腹肌，最后练下肢的顺序安排，同样也可以先练下肢，再练腰腹肌，最后练上肢。对于其他路径也是同样的道理。

（5）趣味性原则：指在设计路径时，要尽可能地使练习过程具有变化性，主要体现在器械的变化及练习动作的变化两方面，使练习不至于显得枯燥、无味。

（6）安全性原则：指在设计路径时，要根据锻炼者的实际情况来选择各站位器械和各种练习动作，比如有些器械及有些器械上的动作就不适合老年人，有些不适合妇女，这样做的目的是避免伤害事故的发生。在健身路径锻炼过程当中，应注意以下几点：①器械的安全性。对于有危险的器械不宜勉强进行。②初练者应循序渐进地锻炼。③老年人和妇女练习强度不宜过大。

2. 健身路径的选择

由于年龄、性别、身体条件和健康状况不同，在进行健身路径锻炼时应合理选择锻炼方法，按体质、健康状况等大致把锻炼划分成 5 种类型，根据自己的实际情况选择适合自身的锻炼内容和方法，以达到理想的健身效果。

（1）健康型：健康型是指身体健壮，有较强的参加体育锻炼的热情和欲望，并能承受较大的运动负荷者。这类人根据实际情况可选择一两个运动项目作为健身手段。常用综合练习法、重复练习法和间歇练习法等进行有计划的锻炼。

（2）一般型：一般型是指身体不太健壮，但无疾病，体质一般者。这种类型的人占大多数，他们往往认为自身无病而缺乏参加体育锻炼的热情和恒心，进行体育锻炼往往流于形式。这类人应选择对增强体质有实效，形式活泼，能激发参加锻炼兴趣的项目和方法。用综合练习法、重复练习法较好。

（3）体弱型：体弱型是指体弱多病的人。为增强体质，战胜疾病，增进健康，可采用慢跑、定量步行、太极拳、气功等方法进行锻炼。宜先用重复练习法、循环练习法进行力所能及的锻炼。

（4）肥胖型：肥胖型是指体重超过正常标准的人。他们的锻炼多为减肥，因此可选择长跑、长距离游泳和健美运动等进行锻炼。一般多采用重复练习法和循环练习法。

（5）消瘦型：是指体重低于正常指标的人。他们希望通过锻炼能使自己更壮实、丰满，可选用举重、体操、健美运动等项目，多采用重复练习法和循环练习法。只要长期坚持，并有一定负荷刺激肌肉，使之横断面增大，就能够使肌肉健壮，进而拥有匀称的健康体型。

3. 健身路径的练习方法

健身路径的练习方法是根据人体发展规律，运用各种身体练习和自然因素以发展身体的途径和方式。健身路径的练习方法是贯彻体育锻炼原则，达到体育锻炼目的的途径。

（1）重复锻炼法：重复练习法是指按一定负荷标准，多次重复进行某项练习。重复的次数和时间，是决定健身效果的关键。确定和调节重复的次数和时间，应考虑项目的特点。运用重复锻炼法时要注意克服厌倦情绪，防止机械呆板。

（2）间歇锻炼法：间歇锻炼法是指进行重复锻炼时两次之间要合理的休整。

它是提高锻炼效果的一种常用的锻炼方法。间歇锻炼时，间歇时间长短主要以运动负荷阈值为准。一般地说，负荷超过上限时，间歇时间应长些，以防止负荷继续上升，造成过多的体力消耗；在上限时，间歇时间应短，密度应大。后次锻炼应在前次锻炼的效果未减退时进行，倘若间隔时间过长，在前次锻炼效果消失后再进行锻炼，就失去了间歇的意义。

（3）变换锻炼法：变换锻炼法是指在锻炼过程中，采取变换环境、变换条件、变换要求等手段，以提高锻炼效果的一种方法。采用变换锻炼练习法，可以有效地调节生理负荷，提高锻炼情绪，强化锻炼意志，克服疲劳和厌倦情绪。

（4）循环锻炼法：循环锻炼法是指把各种类型的动作、具有不同练习效果的手段，组成一组锻炼项目，按一定顺序循环往复地进行锻炼的方法。这种方法具有综合锻炼的效果。循环锻炼所安排的各个练习点，内容搭配要选用已经掌握的简单易行的动作，同时应规定好练习的次数、规格和要求。由于各点的动作及使用器械不同，练习时花样翻新，交替进行，可激发兴趣，减轻疲劳，提高密度，有显著的健身效果。采用循环锻炼法，要强调动作的质量，防止片面追求运动密度和数量的倾向。

第三节　城市社区体育的发展

一、城市社区体育的特征

（一）城市社区体育的动力特征

1.改革推动力

（1）社会转型给社区体育带来的影响

经过 20 多年的改革开放，中国社会已经从高度的计划经济向市场经济转变；从农业社会向工业社会转变；从半封闭的社会向开放的社会转变；从乡村社会向城镇社会转变；从同质单一性向异质多样化的转变；从伦理社会向法治社会转变的社会转型期。这种社会转型实质是从传统的社会向现代社会的过渡，在整个社会转型的背景下，社区体育的发展必将受到影响，传统社会与现代社会在生活习惯、余暇目标方面都存在差异。

（2）改革开放给人们带来的余暇时间增多

1997年国家统计局、卫生部、民政部等6单位对29个省市的71个城市约1.5万人进行了调查，与1990年相比，中国人生活时间的分配有如下趋势：

①工作时间不断减少：1990年我国城市职工平均每日工作7小时19分钟，1997年为5小时37分钟。

②家务劳动时间不断减少：1990年女性职工平均每日家务劳动4小时23分钟，男性职工2小时10分钟。1997年女性工作时间为3小时3分钟，男性为1小时43分钟。在全面建成小康社会的过程中，社区体育将向更普及化、更组织化、更高水平方向发展。在今后的10年中，城市职工的余暇时间将从每周的19小时增长到30小时，人们在社区生活的时间将大大延长，人们的体育活动主要在社区生活时间内开展。

（3）社区体育的法制、法规建设不断完善

《中华人民共和国体育法》和《全民健身计划纲要》对社区体育工作都有专门的说明。1993年12月4日，国家体委实施了《社会体育指导员技术等级制度》。1997年4月国家体委、国家教委、民政部、建设部和文化部联合颁发了《关于加强城市社区体育工作的意见》，在社区体育的主要职责与任务、组织管理与体制、场地设施建设与作用、经费来源等方面，对市、区人民政府和五个部委分别提出了要求。

2. 政府调控力

（1）建立政府授权的社区体育发展模式

政府授权是西方发达国家所采用的典型社区发展模式。联合国的文件规定，社区发展有两个必要的条件：一是政府支持，二是人民参与。政府授权与联合国关于社区发展是中央政府和地方人民双边合作的定义是一致的，反映了社区发展政府授权的模式特征。社区体育建设离不开社区建设的整体布局和规划，因此也同样具有政府授权模式特征。社区体育建设政府授权模式除了行政上的领导、政策上的优惠外，它本身也从财政拿出相当可观的启动资金建设社区体育配套设施，这对调动社区组织、社区成员参与社区体育建设的积极性是非常有效的。

（2）制定适应我国实际需要的社区体育政策

社区体育政策是政府根据社区体育发展的内在要求和对一定时期社区体育结

构变化趋势的预测，以国家或地方体育发展规划为目标，所制定的有关社区体育结构和社区体育组织调整的政策措施的总称。社区体育政策是社区体育管理的一种重要方式，一个国家或地方的社区体育发展有赖于制定科学的社区体育政策。制定社区体育政策应先对本地区社区体育发展的现状及存在问题进行调查研究，再结合本地区体育资源的优势，经过科学分析后，确立主导性社区体育方式，通过主导性社区体育带动整个社区体育结构、内容、方式和方法的转变。

3. 文化推动力

体育文化不同于一般的文化，它从健康身体娱乐身心出发，与德育、智育一道成为提高人的素质不可缺少的重要组成部分。体育文化容易被大众承认和接受，丰富多彩的体育文化生活，为改善和充实大众文化提供了大量的素材。如中华武术、气功、围棋、中国式摔跤、马球、赛马、龙舟、舞狮、健身操等，以及现在仍然在各个民族中广为流传并深受各民族喜爱的体育文化娱乐和健身活动等，都是社区体育文化中的丰富内容。这些活动的开展，有利于推动社区体育进一步的发展。

（二）城市社区体育的服务特征

1. 人性化服务

"以人为本"的观念逐渐为人们所认识，人的价值和自我完善意识不断增强，在这种时代背景下要求社区体育的发展必须以人性化为核心。显然，仅是社区体育的普及已不能满足当代居民的体育要求，只有层次化、有针对性地展开体育活动才能体现现代化的社区体育模式。根据居民不同的要求可以把居民按以下几种类别划分：

（1）根据年龄把居民分为小、中、老三个群体，不同年龄展开相应的体育活动，如中年人热衷于休闲、娱乐、时尚方面的运动，老年人喜欢健身性的运动。

（2）体育锻炼群体和弱势群体。对于体育活动中的弱势群体，本着福利性服务原则，动员他们参与社区体育活动，享受体育运动带给他们的乐趣，为他们提供真正的体育人口。

（3）本地人群和流动人群。对于流动人群，以尊重他们不同文化背景、传统习惯为前提，动员他们积极参与体育活动，使得他们对社区有强烈的归属感。

2. 信息化服务

步入小康社会，信息化服务是关键，可以帮助居民树立正确的健康观，宣传健身知识、活动信息、政策法规、先进案例等。建立信息化服务体系可以从以下几个方面展开：

（1）拥有全面的社区体育服务网络。一方面，便于居民的学习和查询相关知识，形成信息资源共享；另一方面，还可以通过网络吸收其他社区的先进案例和经验来展开体育活动。

（2）完善的反馈信息处理体系。处理好反馈信息可以准确而有针对性地进行社区体育建设。

3. 生态化服务

生态城市与生态社区的规划与建设，强调以生态为背景，遵循自然生态规律和城市发展规律，以可持续发展为目标。从生态城市与社区建设的理论和实践来看，社区体育也是其重要的建设内容，强调以促进健康、高效、文明、舒适、可持续的人居环境而发展。从以下三个方面分析：

（1）物质层面建设适应不同人群，具有社区自然特色的体育设施体系，使得健身环境得到进一步的完善。

（2）组织管理层面：根据当地的地域特点、风俗文化、传统习惯和不同人群的需要，融入自然，开展一些生态体育活动，如郊游、踏青、登山、野外活动、远足、自行车、探险等。使得居民的休闲方式也开始从内敛式、封闭式向发散式、开放式转化，从而达到人与自然的生态和谐。

（3）体育价值层面：普及全民健身的公众生态意识，倡导生态价值与健康发展理念。

4. 多元化服务

社区体育共有六大要素，即社区体育组织、社区成员、场地设施和经费、管理者、组织者、社区体育活动。所谓多元化，是指要从多个方面为社区体育服务：

（1）制度化：社区体育服务是一个整体性的服务工作，包括设施、指导、组织和信息。因此，社区体育服务制度化发展涉及诸多方面的内容和关系，迫切需要加强制度化建设：一方面，使社区体育服务的社会规范系统化、条理化和正规化；另一方面，使社区体育的规范内在化，为社区居民所接受和认同。

（2）规范化：社区体育服务的政策、制度和措施要规范化，即政府和组织制定的社区体育工作方案及实施办法要科学化法制化，并具有稳定性和连续性。

社区公共体育设施要规范化，即社区公共体育设施的选址条件、占地面积、功能和设备要求均应规范化使用，不得挪为他用。社区体育指导员配备和培训要规范化，即根据实际工作量和指导对象的数量，确定社会体育指导员数量和配备比例及上岗前培训要求。

（3）指标化：社区体育服务发展指标是测量社区体育服务发展水平的重要方法，通过社区体育服务指标体系有利于社区体育服务状况与发展进行评估，发现社区居民的体育要求，社区体育服务指标包括社区体育组织、设施和活动指标。

（4）现代化：社区组织管理要体现现代化，具体表现在组织管理机构对场地设施的使用及对内部的人、财、物管理方法要科学化，考核和监督要符合规范化要求。信息现代化，社区居民可利用社区体育服务的网络平台达到信息共享，相互交流。指导方法现代化，首先要有现代化健康观，掌握多种锻炼方法和理论，对不同的对象制定出不同的运动处方。

总之，我国综合实力的增强离不开国民素质的增强，国民整体素质的提高离不开国民身体素质的提高，国民身体素质的提高离不开社区体育。因此，关注社区体育的发展就是对大众健康的最大关心。我们在了解了城市社区体育的特征的基础上，建立发展社区体育的有效机制，以促进城市社区体育的快速发展。

二、我国城市社区体育兴起的背景

经济体制变革要求单位全能性功能的分解和专业性功能的强化。对于体育来说，单位再也不能像计划经济时代那样花费大量的人力、物力、财力，占用工作时间组织本单位和本行业跨地区的各种体育活动了，制度化的"单位体育"受到了单位专业化功能限定、单位经济压力等方面的制约，一向以"条条管理""单位管理"为主的社会体育受到了越来越多的限制。于是，20世纪80年代末，城市社区体育应运而生。

（一）城市经济体制改革是社区体育兴起的内部动力

我国城市社区体育的兴起是中国社会体育发展适应中国城市经济体制改革的必然结果。在过去相当长时间内，我国城市社会体育一直由单位、行业、系统组织开展，社区体育基本上没有得到发展，究其原因，主要由于我国城市多年来严重的"单位社会化"现象所致,"单位社会化"现象使单位变成了一个"大而全""小而全"的综合性社会单位,造成了单位功能泛化,效益低下。同时,"单位社会化"现象又变相剥夺了社区的职责,使社区功能萎缩,人们的社区意识淡薄,社区归属感差,反过来更加依附单位,造成恶性循环。1985 年开始的以转变企业经营机制为核心的城市经济体制改革和 20 世纪 90 年代初开始的市场经济体制改革,强化了企业的经济功能和事业单位的公共服务功能,压缩了政府行政编制和微观管理功能。这一系列的变化冲击了以往根深蒂固的"单位体制",单位的许多非主要职能正在分离给社会,由社区承担起来。单位再也不能像计划经济时期那样时常占用工作时间组织体育活动了,一向以"条条管理""单位管理"为主的社会体育也受到了越来越多的限制,而人们的体育需求却在不断增长,当人们的体育需求难以在单位得到满足时,其体育利益取向就开始由单位转向社区,业余时间就地就近开展的经常性社区体育活动,成了人们满足体育需求较为理想的途径。

(二)建立社区管理体系是社区体育发展的适宜条件

市场经济体制的建立对城市基层社区建设提出了更高的要求,众多的社会服务职能分离到社区,加强社区建设、社区管理和社区服务已成为深化经济体制改革的需要。社区管理和社区服务紧密相关,是一项完整的系统工程,随着人民生活水平的提高,社区管理和社区服务的质量与居民的生活、工作和学习的关系日益密切,尽快建立与经济体制改革相适应的管理有序、服务完善的社区管理体制已是众望所归。社区体育是社区建设的重要内容,是社区文化和社区服务的重要组成部分,开展社区体育不但能增强居民的体质,丰富业余文化生活,改善生活方式,提高生活质量,还可以密切人际关系,培养社区感情,增强社区凝聚力,强化社区意识,促进社区精神文明建设。由此可见,发展社区体育既是体育事业的需要,也是社区建设和社区管理的需要。

(三)社区老龄人口增多导致需求增长是社区体育兴起的催化剂

随着我国离退休制度的建立,大批的离退休人员涌向社区,人均寿命的增加加快了人口老龄化速度,2000 年,我国已进入老年型国家的行列。老年人拥有大量的闲暇时间,又有迫切的健康长寿和重建社会交往圈的愿望。体育活动正好是他们保持健康、延缓衰老、扩大社会交往、消除孤独与寂寞、善度闲暇的理想途径。老年人对体育的钟情，推动了社区体育的发展。

（四）体育社会化是社区体育发展的促进因素

随着经济体制改革和人们体育需求的增长，政府一家办体育已不能适应体育发展的需要，必须走体育社会化之路。社区体育既是社区建设的主要内容，也是体育社会化的产物。

三、发展城市社区体育的意义与作用

（一）社区体育是全民健身工作的重点之一，是城市体育发展的基础

社区体育作为城市体育的重点工作，一直受到高度重视。特别是国家体育总局等五部委联合下发《关于加强城市体育工作的意见》、中央文明办等八部委联合下发《关于开展科教、文体、法律、卫生"四进社区"活动的通知》以来，社区体育进入了一个快速发展的新阶段。社区体育就近、就便、小型的活动方式，已被广大居民欣然接受，并已成为满足人们健身需求的重要途径，社区体育在群众体育事业中的地位不断提高。

城市体育的发展，离不开社区体育的兴盛。充分利用社区的组织功能，组织居民开展科学、文明、健康向上而又丰富多彩的体育健身活动，可以让文明健康的生活方式占领社区的主阵地。社区体育活动的开展，促使居民由封闭的小家庭走到了户外，扩大了彼此的交往，增进了友谊，改善了邻里关系，为构建和谐城市发挥了积极的作用。

（二）发展城市社区体育有利于增强人们竞争与合作意识

竞争与合作是现代人所必须具备的生存与发展的两大意识。城市社区体育主要是通过开展形式多样的体育活动来满足社区人们对体育运动的需求，以丰富社区人民的文化生活。此外，社区体育定期或不定期地开展的许多体育活动是需要人们合作的，在竞争中合作，这样便有意无意地发展了人们的竞争与合作意识。在体育竞赛中人们充分认识到了竞争与合作的重要性，也就会自然地把它运用到社会生活中来，增强人们的社会适应能力。

（三）能够满足城市贫困职工对体育运动的需要

在我国经济结构和企业转换体制过程中，城镇中的一个以贫困职工为主体的社会弱势群体正在形成，并呈逐年上升扩大的趋势。据国家统计局提供的资料，1996 年我国城镇贫困人口约 1176 万人，其中贫困职工占 84%，约 900 万人。他们是弱势群体中的一部分。贫困职工问题的解决是关系国家稳定的重要因素。我们必须保证这一部分人的基本生活需要。然而，在这一大群人中，他们除了解决温饱的需求，还有强身健体的需要。在现代城市中不乏商业性的体育运动场所、器械，富裕的人们可以通过参加这些商业性运动来满足他们对体育的需求。可这部分弱势群体不能，他们尚在温饱线上徘徊，难以支付得起昂贵的商业性体育运动的费用。如何满足这一群体对体育的需求？最好的办法是发展城市社区体育，通过社区体育为这一部分人提供一定的场所与体育器械，满足他们对体育运动的渴求。这不仅是关系到这一部分人身体素质提高与否的问题，也是关系到我国经济体制改革能否取得成功的关键。

（四）城市社区体育的发展促进社区精神文明的建设

城市是人类文明最直观的表现形式，而体育又是城市文明的窗口，它以其特有的功能成为城市精神文明建设的重要组成部分。

1. 社区体育是社区文化建设的一部分，也是社区服务建设的一部分

当前我国精神文明建设采用以建设"精神文明小区"为重点的工作路线，并将社会全民健身活动作为重要评价指标。社区全民健身活动在丰富社区文化生活，建立健康生活方式，促进社区共同意识，创造良好人际关系，减少犯罪率，安定团结，养成高尚道德作风方面都为社会精神文明作了重大贡献，成为社区精神文明的重要手段。社区体育以社区为载体而展开的精神文明建设活动，都着眼于人的全面发展和社区质量的现代化。精心设计社区文化服务项目，引导居民的文化消费，使社区的整体服务由单纯物质型向物质与精神全面结合型发展。社区体育竞赛活动成为社区文化娱乐功能的重要手段。

2. 社区体育的发展有助于社会公德、社区职业道德和社区环境道德的建设

坚持不懈地开展《公民道德建设实施纲要》的宣传教育，大力做好社区订立的文明行为规范和社区自治公约教育，形成团结和睦、友爱互助、共同向上的新

型人际关系。有计划地开展社区居民喜闻乐见，内容丰富，名目繁多，形式新颖的体育竞赛活动。近年来，邻里关系越来越受到渴望交流与沟通的都市人的重视，居住小区的社区活动也越来越受到重视。人们在业余时间开始走出"密室"，到居住小区的公共活动空间参加各种活动，城市许多住宅小区的社区活动也轰轰烈烈开展起来。社区内建筑群错落有致、高低不一，均有极宽的楼距，各幢建筑物之间围合的空地也进行布置成一处处温馨的花丛景观，让整个小区处处是绿荫美景，处处是休闲娱乐健身的场所。并通过这些活动锻炼身体，提高审美情趣，文化素养，改善人际关系，增强人们对社区的归属感和向心力，塑造良好的人际氛围。

3. 社区体育的发展有利于社区家庭伦理道德的建设、有利于稳固家庭

要积极推进"体育先进家庭"的活动，宣传家庭体育的好处，介绍家庭体育的内容，表彰先进体育家庭，有计划地举办各种类型的家庭运动会（以家庭为单位）。通过各种形式的家庭体育活动，稳固家庭的社会化功能。

4. 优化社区环境，全面提高社区服务水平和居民生活质量

以社区经济发展为基础的社区环境建设，要在规划新型小区建设，改造旧住宅区、整顿社区秩序、改善环境卫生和绿化、加强配套设施建设的同时，使体育设施的建设与其保持同步发展的水平。要统一开发和利用社区各类服务设施资源。社区内机关、团体、企事业单位的文化体育场所和设施，要本着"互惠互利"的原则，采取租赁、联办、有偿使用等办法，纳入社区服务事业中来，发挥其潜在效益。

四、我国城市社区体育的发展现状

（一）社区体育组织管理体制

我国城市社区体育主要有两大组织形式，一是以政府行政部门或企业事业单位为依托，组织程度较高的组织形式；二是群众自发组织，组织程度松散。目前我国城市社区体育的管理体制正在构建之中，尚未完善。我国城市社区体育组织以街道办事处为依托，以辖区单位和居（家）委员会为参加单位，共同组成了街道社区体协。街道社区体协属于上位管理型组织，体育协会、体育俱乐部、晨晚练活动站、体育辅导站、体育服务中心、辖区单位体协居委会体育小组等组织是下位活动组织。辖区单位体协在接受本单位直接领导的同时，接受街道社区体协

的间接领导，这是现阶段社区体育与单位职工体育密不可分的具体表现。

（二）社区体育活动状况

目前，社区体育的活动形式主要有日常性活动和经常性体育竞赛两种。日常性体育活动主要在晨晚活动站进行以小规模为主。体育竞赛有的安排在节假日进行，有的按季节举行。目前日常性体育活动的主要活动有：体操类、太极类、气功类、舞蹈类、球类、剑类、键类、武术类、长跑。而体育竞赛的活动内容多种多样，与本地区的体育传统、场地设施条件有关。

（三）社区体育物资条件

社区体育活动主要在五种场所进行：辖区单位体育场馆、公园、空地、江河湖畔和社区公共体育场地设施。随着人们体育需求的增长，现有的正规场地设施难以满足实际需要，人们已经将体育活动场所扩展到了公园、空地和江河湖畔，各地的晨晚练活动基本上都在这些场所进行。

目前，基层社区体协的活动经费主要来自三个渠道：一是街道拨款，拨款数量的多少与街道的经济实力有关，多则几十万元，少则几千元。二是辖区单位集资、赞助。集资多以交会员费、团体报名费等形式进行。赞助以产品或企业名称命名比赛的方式进行，达到扩大企业知名度促销产品的目的。三是个人缴纳会员费或比赛报名费。晨晚练活动站的经费主要通过缴纳会员费、培训费、比赛报名费等方式解决。

五、城市社区体育发展中存在的问题与对策

（一）城市社区体育发展中存在的问题

1. 对社区体育认识不足

社区体育不仅是一种新的体育组织形式，也是一种新的体育管理观念，就其形态来说，社区体育是我国社会一种全新的体育形态，完全不同于我们已经习惯了的体育形式，它在运行机制上强调合作实效、多功能，都与我国以往的体育模式多有不同。另外社区体育在我国兴起较晚，理论研究刚刚起步，长期以来，人们的社区体育意识淡薄，因此，人们对社区体育内涵的认识还比较模糊，一时还难以把握其本质。

2. 社区体育组织管理体制不完善

由于社区体育属于新兴事物，因此组织、管理、法制等还没有完善。目前，虽然在许多城市已经建立了以街道办事处为依托的街道社区体协，但现有的街道办事处工作职责并没有明确地提出有关体育方面的职责，街道办事处抓体育工作没有充足的法规依据，社区体育处于可抓可不抓的地位，因而社区体育人力、物力、财力方面的问题也难以解决。街道社区体协属于基层管理型体育组织，社区体育活动的开展主要由下位的活动性组织承担，目前社区体育组织形式比较简单，各种社区组织还未形成网络化的社区体育组织管理体系。

3. 非经常化社区体育活动和日常性社区体育活动相脱节

经常性竞赛活动，如区级和街道社区的综合运动会、家庭运动会、趣味运动会、健美操比赛、秧歌比赛等受到资源消耗多、组织困难等因素的局限，无法满足居民个体的不同需要，难以普遍地参与，也不可能经常化，对增强社区成员体质方面的作用比较小，但影响力较大，可以有效地激发居民的体育活动参与动机，增强体育意识，形成体育气氛。日常性的体育活动，有极强的增强体质的功能，但影响力较小。这两类的社区体育活动在功能上是互补的，只要两者相结合才能很好地完成社区体育任务，但由于依属于政府企业的社区体育组织与自发社区体育组织缺乏联系，经常性体育活动促进日常性体育活动的作用并没有很好地发挥。

（二）发展对策

1. 多渠道多形式解决社区体育经费问题

社区体育场地设施的缺乏，经费短缺是制约社区体育发展的首要因素。不能只靠政府的投入，应该多渠道、多形式解决社区体育经费短缺的问题。随着市场经济体制的建立和完善，人们的体育需求在不断地增长，体育消费水平不断提高，为大力发展体育产业提供了广大的市场，从而也为体育资金的筹集提供了灵活的渠道，因此需要大力发展体育产业。

2. 加强社区公共体育设施建设

城市社区体育普遍存在场地设施缺乏的问题，1986 年城乡建设部国家体委曾作出关于城市公共设施用地定额等有关规定，但执行与落实不力，今后新建居民小区应纳入城建规划同步进行，目前无力进行公共体育设施建设的社区，一定要留出适当的空地，对尚无体育设施的已建小区，国家应予以政策的优惠。另外，社区体育也可以充分利用企事业单位、学校的体育设施以弥补体育设施紧缺的问题。

3. 加强社区体育管理人员和体育指导人员的培训

这些人员是社区体育工作的中坚力量，但据调查显示我国城市社区的体育管理和指导人员的专业素质不高，懂体育、会组织、能管理的体育人才极为缺乏，对社区体育的发展起了妨碍的作用。应该加强与体育院校联系、设置社区体育的培训班进行培训，同时也让体育院校的社会体育专业的学生来到社区当中进行学习和交流。

4. 加大社区体育的宣传，增强居民的社区意识，营造社区体育气氛

计划经济体制下，我国城市居民在单位领职工工资，享受一系列的福利待遇，从而形成了极强的"单位意识"，在新的历史时期和社会条件下，这种根深蒂固的传统观念仍会存在，成为社区体育发展的思想障碍。因此社区体育管理人员应大力宣传社区体育的意义，并且通过开展各种各样有意义的体育活动吸引居民，营造体育气氛，影响居民的传统观念，让居民在社区体育中得到体育需求的满足，从而增强对社区的认同感和归属感，促进社区体育的健康发展。

5. 加强对社区体育的科学研究

社区体育科研是社区体育的指明灯，长期以来由于人们的社区意识淡薄，对社区体育的内涵认识不清，这有可能造成社区体育工作带有一定的盲目性，浪费人力、财力、物力，这就使得社区体育科研十分必要和迫切。

6. 切实加强社区体育的中介意识

社区体育组织是体育与社区的中介，也是社区与政府的中介。社区体育组织不应是直线、"金字塔型"组织，而应是"网络型""开放型"组织，为了进一步促进社区体育的持续发展，需要进一步强化其协调、沟通、服务的中介作用。

7. 充分利用街道办事处的政府职能发展社区体育

强调社区体育的中介性并不意味着对政府行政力量的否定，相反，我们应充分的发掘和发挥街道社区的行政职能，建立街道社区体育"社区化"管理模式。街道办事处是我国特殊的行政设置方式，在地域范围和特征上具有社区的全部要素。街道办事处是我国市辖区不设区的市人民政府派出机关，改革开放以来，街道的政府职能大大扩展，并显示出重要的城市管理作用，我们发展社区体育，要充分利用街道办事处的政府职能，在街道办事处中设立体育组织体协或领导小组，

将社区体育工作纳入街道办事处的常规内容。街道社区体育工作的传统模式主要是行政管理型，从现实和未来发展来看，单凭街道办事处的行政资源和手段，已经很难适应社区体育的建设与发展的需要，在新的历史条件下，街道办事处开展社区体育的形式要逐步转向社区化，地处街道辖区的单位和居民，对街道社区要有认同感，归属感，共同参与社区体育。采取横向联系的方式，尽可能地吸收各方面的力量，调动各方面的积极性，调动各方面的资源优势，创造单纯的行政化管理无法比拟的社区效应。

8. 实现社区体育与学校教育的和谐发展，为社区体育提供大量的软硬件环境

21 世纪的社区体育发展，关键环节在于社区与学校体育的开展、协调。由于计划经济体制影响，社区与学校就像两个互不干涉的团体，交往不多，联系也不紧密。随着我国市场经济体制的建立和全民健身计划的不断开展，社区与学校不往来的局面被打破，社区与学校的联系将越来越紧密，学校成为社区活动的主要组织者和重要场所。其好处在于：其一，学校有较完善的运动、休闲场所和专业的指导员，能满足社区居民健身、休闲、娱乐的需要，同时也能使社区体育活动更具组织性和科学性。其二，能节省体育事业经费上的不足，也避免了资源的重复利用。

总之，社区体育运动的发展受到了体育教育、社区人群的健康意识、社区体育活动内容的丰富、社区体育设施、社区体育经费等多方面的因素的影响。但是随着社会经济的发展、全民健身宣传的不断深入、政府的重视、居民的主动参与意识的加强，体育社区产业化的进程不断加快，我们相信社区体育运动将高度发展，全民健身将在社区内最终实现。

第四节　城市社区体育与学校体育

一、城市社区体育与学校体育的关系

（一）传统学校体育的不足与弊端

1. 忽视了学生个性的发展

长期以来，我们的教育体育方针和政策较多地强调社会与国家的需要，把学

生培养成社会所需要的人，在学校体育的实施过程中也就较多地强调国家的意志，突出了学校体育的社会性、国家性。在这种观念影响下，学校体育较多地采用一些机械、呆板、枯燥的成人化的体育教育方式去训练学生的身体和塑造学生的人格，忽视了学校体育在发展人的心理和人文素质方面的作用，忽视了学校体育主体——学生对运动的需要和兴趣，忽视了学生的个性发展和心理特点，还忽视了对学生体育能力的培养。同时，由于1949年以来我国实行的是社会主义计划经济体制的模式，受其影响，在学校教育和学校体育的大纲、教材、教法中过分地强调统一化、规范化、集体化和模式化，而极少考虑到学生个体全面、和谐发展的需要，因此，在很大程度上挫伤了学生的积极性、主动性，压抑了学生个性的发展和选择，从而降低了学校体育的育人效果，忽视了学校体育以育人为本的宗旨。

2. 学校体育与社会的隔离

长期以来，学校体育基本是在与社会隔离的封闭系统中进行，培养的学生一旦进入社会，就很难适应社会环境的变化，原先在学校中学过的各种体育知识、技术很少能发挥作用，以致在工作、生活之余很少有人能坚持参与体育活动。卢元镇教授在对我国体育人口的调查中指出，36~55岁年龄参加体育活动的人数大幅减少，说明学生进入社会后，不能继续从事体育的客观现实。这种状况的出现不能不说是学校体育发展中的重要缺陷。

在21世纪，如何克服学校体育的两大缺陷是一个值得研究和探讨的重要课题。我们认为从社区体育具有活动范围的区域性、活动设施的公共性、活动组织的民间性、参加活动对象的广泛性方面，可以有效解决学校体育中出现的这两个问题所造成的弊端，学校体育与社区体育的结合将为体育工作提供有价值的新思路。

（二）学校体育对城市社区体育的影响

1. 学生是城市社区体育的参与主体

学校体育是开展我国社区体育的基础。这种基础作用主要表现在:（1）现代社会中，从事社区体育活动的主体都必须经历学校体育的教育过程。（2）学校体育可以为青少年儿童打好身体基础，促进学生正常生长发育，增强体质，形成正确的姿态和掌握立、走、跑、跳等基本生活技能。（3）可以培养学生对体育的兴趣、爱好和初步养成身体锻炼的习惯，使之成为日常生活不可缺少的内容。（4）可以使学生掌握体育的基本理论知识和锻炼方法、手段，从而培养与发展他们的体育能力。青少年儿童通过学校体育掌握了必要的基本体育知识、技术、技能后能为他们独立、自主地参加社区体育打下坚实基础。

2. 学校体育能为城市社区体育开展提供人才资源

众所周知，当前我国社区体育有"三难"——缺少设施，缺少专门的体育人才，居民参与率低。要改变这种情况，其中的有效途径之一是紧紧依靠社区范围内的大、中、小学校。学校拥有大量的专职的体育教师，这些体育教师具有开展体育竞赛、组织体育活动的丰富经验和知识，充分发挥学校体育教师的指导和管理能力，能解决社区体育专门人才缺乏的问题。

3. 能为城市社区体育解决部分场地设施问题

开展社区体育的另一个难点是体育活动的场所不足。目前，每个学校都具备一定的体育设施，特别是城市的学校，其中又以大专院校的体育设施条件为最好。只要进行适当投资和管理，在搞好学校体育的前提下，有效利用学校体育设施开展社区体育活动，就能在一定程度上解决社区体育的设施场地缺乏的问题。

4. 学生参加社区体育可以增强社区体育的生命力

青少年及儿童是社区体育中最为活跃的因素，他们的参与，将给社区体育活动注入新的生命力，促使社区体育朝"轻松、愉快、活泼"的方向发展，活跃了社区体育。学校体育指在以学校教育为主的环境中，运用身体运动、卫生保健的手段，对受教育者施加影响，促进其身心健康发展的有目的、有计划、有组织的教育活动。

二、城市社区体育在学校体育中的作用

近些年来人们日益重视社区文化和社区的教育。日本《社会教育法》把社会教育定义为有组织的校外教育活动，它包括除学校课程中文体活动以外的，在某区域内组织青少年参加的体育、娱乐活动。20 世纪 80 年代以来，随着社会经济体制改革的发展，社区体育与社区教育一样逐渐兴起，社区体育作为学生课余体育的一种形式，社区作为学生课余体育实践的重要场所，对学校体育的发展有很大的促进作用。这种促进作用表现在以下几个方面。

（一）社区体育是学校体育的一种教育形式

1. 社区体育参加体育教育的内涵

社区体育的教育性是针对学校体育教育脱离社会独自发展的"孤岛"现象提出的。社区参加到体育教育中来，丰富了学校体育的教育内容、方法和组织形式的同时，还赋予了学校体育新内涵。

（1）使体育教育在操作上实现立体化。因为教育是全社会的事情，社区内的各种物质设施都是教育的基地，社区中的全体居民既是教育的对象，也要力求成为教育的实施者。只有这样，社区内的所有居民才会认识到参与体育锻炼是一种迫切的、自觉的行为，并全身心地参与其中，形成良好的教育氛围。

（2）建立体育教育一体化体系。体育教育是由学校体育、社区体育、家庭体育共同完成的，只有形成良好的教育大环境才能使学校体育、家庭体育、社区体育按照自己在教育过程中应承担的责任，充分发挥自己的作用，使体育教育的各子系统协调发展，共同完成教育在当今时代的任务。

（3）促进学校体育的社会化进程。因为"社区体育教育化"和"学校体育社会化"是相互联系、相互制约、相辅相成的整体，是一个过程的两个侧面。学校体育社会化是使社会对体育教育的实施进行监督和管理，形成一个良性的教育循环系统。

2. 社区体育与学校体育形成教育互补

教育是一个连续的过程，体育教育又是一种以实践为主要学习方式的教育内容，更体现其连续性，所以体育教育不能留下某个时段的空白。如果学生在放学以后，在社区中找不到自己喜欢和合适的体育项目，就会放任自流，造成体育锻炼意识在课后得不到延续和加强而收效甚微。反之，如果学生能够在课后这段时间，仍能从他们生活和活动的场所—社区中继续得到影响和教育，使课内与课外、校内与校外相接轨，情况就有可能大为改观。

如表 1-4-1 所示，社区体育与学校体育应不管是在形式、空间、内容还是方法上都是一种相互补充、相互渗透、相得益彰的关系，并且只有这样才能更好地体现双方的价值。与学校体育相比，社区体育具有更丰富的自然条件、更复杂的社会环境和丰厚的人文环境；与整个社会大环境相比，社区体育具有人员稳定性、空间的开放性、社会归属感、文化认同感、价值取向的多元性等特点。因此，社区体育更能体现和满足学生对体育的需求。

表 1-4-1　社区体育与学校体育教育方式比较

类别	组织形式	教育内容	教育方法
社区体育	非正式为主	感性为主	潜移默化
学校体育	正式为主	理性为主	正面教育为主

体育作为一种以实践为主要形式的教育内容，比起其他任何教育内容更注重实践性和连续性。那么，社区在对体育教育的作用就越显得突出，更应受到学校的重视和支持。

（二）社区体育是学校体育走向市场的开路先锋

在体育事业处于转型期间，学校体育作为体育事业的一个重要组成部分，还是市场经济下的一座"安全岛"，基本未受到市场经济的冲击。学校体育的场地、设施和教学设备的使用和维护上还是处在"等、靠、要"的计划经济状态，依靠政府和其他部门的投入才能正常进行，这与我国体育事业走向市场经济政策大环境不相适应。而随着市场的繁荣和文化生活领域的拓宽，人们的生活方式、消费观念和消费结构都在发生巨大的变化，学生开始喜欢网球、溜冰、健身操等其他一些项目，而学校由于体育维持费用的投入不足，在场地、设施和教师培训等方面就倍感困难，与学生的需要不适应。所以，虽然学校体育现在不能，也不可能全面进入市场，它必须是以义务型为主，其他经营形式为辅的组织形式。但是，社区体育作为一种福利、半福利和经营性混合在一起的体育组织形式，它的成功运作可以为学校体育在体育转型期间，尽快重新找到自己的位置，贡献自己的力量，提供了一个可以参照的模式。

（三）参与社区体育可以提高学校体育教师的业务水平

首先，由于社区体育需要大量有专业素质的体育指导员和管理人员作支撑，才能使之科学、健康地运转。如果缺少了体育指导员和管理人员，社区体育就像没有舵手的船一样，失去了航行的方向。

其次，体育教师的身份应该是多重的，在学校中是称职的体育教师，在运动场上是一名合格的教练员，在社区中则是一名能胜任工作的指导员和管理者。

再次，在大中城市的学校体育教师一般是体育教育专业的大中专毕业生或者是具有一定执教经验的运动员、教练员担任的，具有一定的体育理论和运动方法等相关专业知识，能够胜任社区体育发展的需要。

最后，在学校中，人们常常把体育归为小科目，不受重视。体育教师也是几个动作和一些基本常识就可以应付多年的正常教学。由于没有来自工作上的更多压力，体育教师的潜力没有得到应有的启发和调动，严重影响了体育教师业务水平的提高和人生价值的实现。

所以，使体育教师参与到社区体育中来，情形就会有所改变。一方面，由于近几年各种经营性体育俱乐部的兴起，一些教师开始在一些俱乐部中担任指导员、教练员和管理员。随着人们对体育知识的理解和对体育欣赏能力增加，以及有新的力量不停地充实到这个队伍中来，"优胜劣汰"的规律迫使俱乐部中的指导员和教练员只有不停地从运动水平、运动理论知识和健康知识等各个方面充实自己，提高自己的能力，才能在市场经济中立于不败地位。

另一方面，现代学校体育的发展要求社区与学校紧密联系在一起，如果体育教师将自己封闭在学校中，那么就容易造成体育教师既不了解社会对学校体育的要求，也不了解学生对体育锻炼的需要。所以，在学校体育改革和社区体育实践中，体育教师不能以一个旁观者的身份出现，而是要积极地参与其中。只有这样，体育教师才能领会到学校以外的体育教育理念和学生对体育教学的要求，为学校体育的改革带来活力。体育教师参加社区体育活动扩展了的眼界，开拓了思路，提高教师的执教能力，进而稳定了体育教师队伍，使学校体育教学更为顺利地进行。

（四）帮助学生形成正确的体育价值观

体育价值观是人们和社会对体育这一社会现象需要程度的观念，它决定一个人对体育的态度，决定其参与行为的性质和状态，也决定人们对体育行为的取舍。社区体育对学生形成正确的体育价值观的作用，是一个由量变到质变的潜移默化过程。社区体育通过为学生的成长营造一个良好的体育环境，提供一个连续、健康进行体育锻炼实践的物质基础，进而促使学生养成良好的体育锻炼意识，有一个健康的体育消费理念，形成正确的体育价值观，使学生成为一名真正的终身体育锻炼者和传播者。

1. 社区体育是学生个体成长的体育环境

环境在环境科学中的解释是："一个生物体或生物群体周围的自然状况或物质条件；影响个体和群体的复杂社会、文化条件。""体育环境是指与体育相互联系、相互制约、相互促进的一切自然条件与社会条件的总称。"学校体育环境就是指与学校体育相互联系、相互制约、相互促进的一切自然条件与社会条件的总称。作为社会中的一员，广大的学生群体是体育活动的主体、直接参与者和受益者。所以，如果我们把学生视为中心来看待的话，在"人类中心主义"（Anthropocentrism）的观点中，影响学生体育价值观形成和体育活动态度的环境就是直接和间接影响到人们参加到体育活动中的一切物质、能量、自然与社会现象的总体。

因为，青少年儿童在成长中对体育价值观的理解，养成体育锻炼意识，形成终身体育锻炼行为是一个长期的内化过程。这个内化过程是指个体将外部实施的教育影响，通过个体内部一系列的心理活动，最后成为个体个性品质或习惯的过程。而在此过程中，外界环境特别是社区对他们的影响是至关重要的。

社会体育环境过程对体育意识的形成起到了很大的作用。那么，教育者营造一种积极向上、有助于强化教育影响的环境，使学生能够在良好的体育环境熏陶下，水到渠成地完成内化过程是非常重要的。正如加拿大著名教授斯蒂芬·利考克在《我见之牛津》一书中曾深有感触地说"对学生真正有价值的东西，是他周围生活的环境。"

社区作为一种以区域界定，具有相对独立性的社会生活实体，是人们成长、交往、学习和接受教育的生活区域。在这个特定的区域中，人们相互联系、相互关照、相互交流、相互理解、相互影响，形成文化认同感。这种文化认同感可以通过一定的物质环境和精神氛围，使生活在其中的个体有意无意地在思想观念、思维方式、行为方式、心理素质、价值取向等各方面与已经形成的文化发生认同。因此，社区是学生在除学校以外的另一个重要教育场所，是学生体育认识能力提高的一个体育环境。

不过，我们也要认识到这种作用不是直接的，而是间接的；不是有形的，而是无形的；不是短期的，而是长期的。

2. 社区体育是学生进行体育教育实践的主要场所

与 20 世纪 80 年代以前的学生相比，现在的学生并不是盲目地"惟书""惟上"

或者是服从教师的口头教育，而是更加动用自己的头脑理解教师的教学理念，也更加注重自己的直接经验和切身感受。因此，如果没有一个使之实践、培养孕育体育兴趣和爱好的实践场所，"终身体育"和体育教育也就成了纸上谈兵的东西。而社区体育在真正的余暇时间开展自愿参加的体育活动，极大地满足了学生对体育的需求。并且，社区体育是包括中小学生在内的全体居民进行体育活动的物质基础，它的正常开展可以为体育活动提供"全员""全程""全方位"的保证，对中小学生的成长方面日益发挥着越来越重要的作用。所以，学校体育在教育过程中脱离社区环境的话，就会使体育教育在一定程度上成了空洞、苍白、无力的说教，不适应现代社会的发展和学生学习的方式。

3. 社区体育能够促进学生养成终身体育锻炼的意识

体育意识，是人们在一定环境条件下，对体育的内容、形式、方法、手段以及对体育各种内外关系等方面精神活动的总和，既表现为概念形态的精神活动结果，也表现为人脑的精神活动过程，是人们对体育感觉思维和判断的总和，是人们对体育运动总的认识和看法。就学生而言，体育意识是指他们在参与体育活动的过程中遵循自己对学校体育目标的认识，采取的个人认为是正确和有效的方式的心理活动。体育意识对人的体育行为起到支配作用，所以，学校使学生在接受学校体育教育以后，成为终身体育人口，有一个健康的生活方式。

意识作为人类反映客观现实的最高级认识形式，它的形成总是与人们的具体实践活动紧密联系在一起，一定的实践活动促进意识进一步地加强和提高。因此，体育意识的形成与变化不是上天赐予和遗传的，而是通过社区体育、学校体育和多种体育组织的共同教育逐步形成的。

与学校体育相比，社区体育项目众多，组织形式多样，自我选择性强，又没有考试和达标的压力，非常适应学生对体育锻炼的要求。社区体育给予学生一个充分展示才能的大舞台，对学生形成体育锻炼的意识和行为有很大的帮助。并且，体育意识是通过长时间的熏陶才能养成的，社区体育潜移默化的教育方式，正适合终身体育意识的培养。

4. 社区体育可以促使学生形成健康的体育消费

观体育消费是指人们在体育活动方面的个人支出，体现着一个人的体育价值观和一定的体育行为。体育消费意识有狭义和广义之分，狭义的体育消费主要是指那些直接从事体育活动的个人消费行为，广义的体育消费则包括一切和体育有直接和间接联系的个人消费行为，也就是说消费通过支付货币所得到的各种价值和使用价值均和体育有关。

一定量的体育消费支出，是人们参与体育活动的前提条件，也是体育活动得以存在和发展的前提和保证。形成健康的体育消费态度和行为，是人们拥有健康生活方式的重要途径之一。

体育消费不仅是一种消费行为，还是对体育认识能力不断提高的动态过程。消费需要原动力，只有认为消费是必要的，才会进行。换个角度分析，就是只有对体育的健康价值有了充分认识才会付之于实践。体育消费活动间接地反映了人们的体育价值观，反映了一个人对体育的态度，决定其参与体育行为的性质和状态以及对体育行为的取舍，是体育价值观的一种具体体现。

（五）使学生确立终身体育观的重要环节

社区体育有助于学生养成终生体育习惯。终生体育包含两方面含义：一是指从生命开始至结束参与体育，使体育成为人生中的重要内容；二是指以正确的体育价值观念指导人生的不同时期、不同生活领域中参加体育活动的实践过程。

终身体育的形成是由三维结构来支撑的：（1）时间维度。终身体育由三个相互联系的阶段发展构成。即：婴幼儿体育阶段，是终身体育启蒙期，对于婴幼儿的生长发育具有重要影响；青少年体育阶段，是终身体育的发展期，对于青少年生长发育和身心健康起保障和促进作用，同时也为成年人体育奠定基础；中老年体育阶段，是终身体育稳定期，根据个人自身情况，正常从事体育活动。（2）空间维度。终身体育由空间上相互联系，相互影响的学校体育、社区体育、家庭体育、单位体育构成，共同作用于个人，影响着个人。（3）价值维度。通过制度化和非制度化的体育，促进人们身心和谐发展，丰富业余生活，提高生活质量。

社区体育作为终身体育的重要环节有着重要作用，具体表现在以下几个方面。

（1）社区体育有益于培养青少年学生的终身体育意识

社区体育活动形式多样，项目众多，灵活生动，自我选择性强，符合儿童青少年的心理特点，有利于培养学生对体育实践活动的良好情感体验。另外，社区体育活动能为学生提供自主运用和检验在学校体育过程中学到的体育基本知识和施展体育才能的机会，通过社区体育活动来培养学生的终身体育意识有独特的作用。

（2）社区体育有益于培养学生的终身体育兴趣

兴趣是一种心理倾向。终身体育兴趣的培养，有赖于对体育活动愉悦身心和取得成功与满足的情感体验，以及体育特长的形成。学生经常参加社区体育活动可以根据自己的兴趣、爱好、特长，自愿选择活动内容的形式，富有吸引力，能引起学生浓厚兴趣，产生心理上的满足感。因此，社区体育活动对培养学生的终身体育兴趣有重要作用。

（3）社区体育有益于培养学生的终身体育习惯

终身体育习惯是人们经过长期体育实践而形成稳定的从事体育活动的行为特征。终身体育习惯的养成，依赖于终身体育意识和兴趣的培养，以及持之以恒的意志力，并有一个从被动到主动、从不习惯到习惯的逐步养成的过程。终身体育习惯一旦养成，体育活动就成了日常生活中的一个部分。相对于学校体育来说，社区体育活动具有灵活性、趣味性和自主性强的特点，使得学生较为容易地坚持活动。这种活动的延伸过程就是终身体育习惯养成的过程。

三、学区体育一体化的实施

（一）学区体育组织的建立

1.建立学校社区一体化体育组织网络

建议在社区体育委员会下设置学校社区体育一体化委员会。学校社区一体化体育委员会具有三大作用。首先，统一作用。组织机构通过制定一系列的规章制度，使组织内各个成员必须遵循各项制度为前提来活动，协调各种关系维持工作的正常开展。其次，规范作用。通过组织活动对成员发挥影响作用，并利用一定的传播手段和渠道，进行合理的宣传和教化，从而使成员与组织机构相对一致。最后，管理作用。组织机构对各种活动、组织经费、人员进行管理，使其合理化、科学化、有序化。委员会应由学校体育领导小组、社区体育领导小组、学校体育协会、社区体育协会、家庭体育协会的五方代表构成。通过各方的相互沟通，按一体化发展的目标，有分有合，相互配合形成一个多渠道、多层次、全方位、综合一致的体育组织网络，实现两者组织形式的衔接。

在目前社区体育还不成熟的状况下，学校体育指导小组要主动向社区、居委会靠拢，学校体育协会应发挥在一体化组织网络中的主导作用。一方面，学校体育协会要与社区体育协会取得联系，发挥家庭体育协会的作用，促进学校体育协会和社区协会积极开展各种类型的亲子型的体育活动。另一方面，学校要主动开放体育设施，选择好开放的时间和方式，保证学校体育设施向学生和社区其他居民开放，实现社会效益的最大化。社区是一体化体育发展的依托和载体，社区体育指导小组要指导社区体育协会开展居民体育活动，主动配合学校开展校外体育，以社区的文明、体育因素、体育设施、环境等优势，对学生施加积极影响，使学生的终身体育意识、习惯、能力在社区环境和条件下得以形成和发展，并带动家庭体育的发展。学校社区一体化体育组织网络的形成，不仅使青少年体育学习的内容在时间上得到连续，在空间上得到延续，整个教育过程的各个环节互相衔接，目标上保持方向一致，能获得学校、家庭的支持，为学校体育提供教学科研和社会实践的平台，而且也能满足社区居民的体育文化需求，促进居民体育的普及和文化生活质量的提高。一体化体育组织网络的建立，有利于形成学校体育社会化和社会体育学校化的局面，逐步形成多层次、多渠道、网络化的大体育格局，促进学校社区体育一体化得以健康发展。

2. 建立学校社区一体化体育保障体系

为保障学校社区体育一体化可持续、健康发展，根据学校社区体育一体化发展的目的，从学校体育和社区体育发展的现状出发，确定以资源和制度保障为条件的发展思路，将学校社区一体化体育保障体系确定为包括体育服务保障系统、体育制度保障系统和体育人才、设施、经费保障系统等5类13项构成的保障体系，并依据学校社区体育一体化发展的目的，确定每个子系统的主要工作，使保障体系的各个系统之间相互协调和配合，以利于有效地发挥系统的整体功能。

（1）体育服务保障系统

学校社区一体化体育服务保障系统的目标是面向学生和全体居民，开展经常性的体育组织、体育指导、体育设施服务，形成学校社区一体化体育服务网络，不断提高体育服务质量，拓展体育服务领域，推动学校社区体育一体化的健康发展。

指导服务目标为加强体育指导人才队伍建设，为社区群众性体育组织或俱乐部提供专门化指导服务。组织服务目标是加强社区基层体育组织、学校体育组织和家庭体育组织的培育，促进社区内体育社团或俱乐部之间的衔接，使各类组织为学生和社区其他居民参加体育活动提供良好的组织服务。信息服务目标为加强体育信息的收集与传播，为具体的活动开展提供体育活动情报和咨询服务等。

（2）体育设施保障系统

学校社区一体化体育设施保障系统的目标是对社区体育设施、学校体育设施和家庭体育设施进行充分的整合，建立以社区体育中心（综合性体育设施）或以辖区内校园体育设施为核心的多层次（体育指导站、健身苑点等）体育设施网，优化体育设施的配置，加强设施管理，提高设施的利用效度。为体育活动的开展提供布局合理、配置齐全、便利的、多元的体育设施服务。

（3）体育人才保障系统

学校社区一体化体育人才保障系统的目标是加强社区、学校、家庭等体育协会或俱乐部的人才的培养和统一管理；建立体育指导员体育组织骨干，体育科研（专家）人员的队伍；发挥各类人才在体育一体化发展中的决策、指导、监管等方面的作用。

体育指导人才的目标是对体育指导人才实行分类培养和管理成立体育指导员协会，协调社区、学校、家庭等体育协会或俱乐部的指导问题，确立体育指导员在社区、学校、家庭等体育协会或俱乐部中的指导地位。体育管理人才目标为提高体育组织骨干的业务能力和领导能力；体育组织实行民主化管理、有明确的分工，体育科研人才目标为确立专家在学校社区体育一体化发展中的决策地位，加强学校社区体育一体化发展的理论和实践的研究，促进学校社区体育一体化健康发展。

（4）体育经费保障系统

学校社区一体化体育经费保障系统的目标是多渠道筹集体育发展资金，主要由社区从全民健身基金、社区体育事业发展资金中划拨，学校也要重视并适当投入；同时扩大社区体育与学校体育的合作面、服务面，夯实服务基础，提高服务水平，增强自身造血功能。通过多渠道筹集体育发展资金，以保障各项体育活动的正常开展。

（5）体育制度保障系统

学校社区一体化体育制度保障系统的目标是以《中华人民共和国体育法》《全民健身计划纲要》《学校体育工作条例》和1997年国家五部委联合颁发的《关于

加强城区体育工作意见》为依据，结合本社区体育发展的实际情况，通过调整政策，制度创新，健全制度，形成依法治体、有章可循的工作制度。体育监管制度的目标是指建立体育监管和体质监测制度，加强对体育活动的组织、居民体质等方面的监督、监测，开展健康咨询和运动处方服务，引导学校体育俱乐部（社团）与社区体育俱乐部（社团）衔接和民主管理。体育激励制度的目标是指以表彰奖励先进个人、群众性体育组织等方式推动组织活动正常、有效地开展。

（二）学区体育一体化的原则与途径

1. 学校社区体育一体化发展的原则

（1）目的性原则

我国的社会制度决定了我国学校体育与社区体育的根本利益是一致的，我国统一的组织领导、指导思想、共同的方针目的，保证了我国学校体育与社区体育目的的一致性。

（2）主体性原则

儿童青少年是学校体育和社区体育工作的重点对象，为青少年学生提供体育学习的机会、实践场所和氛围，同时为社区其他成员提供体育服务，满足社区成员不断增长的体育文化需求，实现社区成员整体素质的提升，是学校体育和社区体育的一体化发展的内在动力。"以人为本"是 21 世纪时代的主要特征，它强调一切发展都要围绕着人的发展。作为个人的发展是受社会条件所制约的，个人只是生活在一个具体的历史阶段里，向什么方向发展，发展到什么水平，都由个人所处的社会历史条件决定的。人的发展的决定条件是社会所提供的，因此，学校体育与社区体育一体化发展要考虑学生的主体性需要，综合治理，多管齐下，形成一个有利于青少年儿童学生身心健康的社会环境。

（3）教育性原则

根据社会学对人群研究的基本观点："人的行为主要是在其所属群体的以及这些群体内发生的相互作用中形成的。"社会学强调社会是一个有机的整体，社会的各子系统之间都有密切的联系，在社会条件下，使自然人成为社会人，人的发展是社会化的必然，这是提出教育性原则的基本依据。因而，学校和社区要在体育一体化发展中为居民创造体育锻炼的条件和机会，同时在体育活动的组织和实施过程中更要注重育人的效果，这是由学校体育与社区体育的特点决定的。首先，在一体化体育活动中，能够积极地培养体育锻炼者的社会认同感、团队意识、竞争与合作精神，能正确对待自己和别人，在活动的交往中建立平等、公正友好的人际关系等，增强凝聚力。其次，要精心设计安排活动过程和创造良好的氛围，善于运用集体的教育因素，开展互教互帮、评比与竞争、典型示范等，以育人为核心，可以带动各项活动的顺利开展。最后，体育锻炼者是活动的主体、团队的主人，使他们成为主人翁，不仅能使他们积极地参加一体化体育活动，而且能够引导他们积极参与到一体化体育活动的组织与管理中来。因此，在一体化体育活动的组织、领导和具体实施过程中，要注意贯彻教育性原则，运用集体性的教育因素更具有针对性、直观性、实效性的特点，实施整体育人。

（4）开放性原则

开放性是指教育本身必须建立开放的态势。开放性是教育发展的根本保证，自我封闭、建立在象牙塔内的经院式教学和现代教育是格格不入的。开放系统组织具有两个特性，一是组织内部各个系统间的统一协调性和相互依赖性，即内部适应性；二是组织必须具有高度的外部适应性，以应付系统环境中许多无法预料和控制的突发事件和情况。现代教育系统已经发展成为一个巨大结构，这种情况加强了对办学的内部控制，提供了抵抗环境混乱的坚强堡垒。随着社会主义市场经济体制的完善，随着改革开放和社会主义现代化建设的不断进步，我们的教育体制也将不断改革，改革的目的是适应，适应的结果是为了更好地发展。开放性，首先是对外的开放，是指教育系统要面向社会开放，增加与社会的沟通与交流。学校的教育过程和教育环境与社会的联系不断加强，家庭、社会成为教育的有机组成部分或延伸部分；其次是对内开放，是指教育资源应向全体社会成员开放。在学校体育方面也应如此，学校的体育教师可以担当社会体育的指导员；学校的体育设施可以在节假日向社会开放，既提高了体育设施的利用率，也解决了社会公共体育设施不足的状况。另外，社会上的文化、娱乐、体育设施也应尽可能地向学校开放。这样一来不但充分利用了现有的体育资源，而且使学生和社区所有成员都有机会享受体育的权利。

2.学区体育一体化的途径

（1）加强全民健身宣传、促进全民参与

推进学校社区体育一体化发展是一个惠及全民、利及长远的系统工程，有赖于社区所有成员的参与。以 2008 年北京奥运会为契机，对全民健身进行全方位、立体化的宣传，促进全员参与，不仅有利于全民健身计划的实施，同时也能为学校社区体育一体化发展营造一个"人人关心体育、人人参与体育"的良好氛围。

（2）深化素质教育、减轻学生课业负担

目前我国青少年学生课业负担很重，应试教育的负面影响仍然存在，学生参加校外体育锻炼明显不足。因此，要大力实施素质教育，促进教育转型，减轻学生课业负担，还孩子更多课余体育锻炼的"快乐"时间，对于促进他们的身心健康发展尤为重要。

（3）利用网络的优势、发挥家庭体育作用

家庭体育是学校体育和社区体育之间的重要纽带。21 世纪是信息时代，互联网将世界各国都紧密地联系在一起。通过互联网，人们对体育信息的摄取、沟通和管理更加简单化、便捷化，为学校和社区体育组织之间的沟通，体育组织与内部成员之间的互动提供了良好的条件。现在电脑已普遍进入人们的生活中，并发挥着越来越大的作用，因此要充分利用网络的优势，调动家庭每个成员的积极性，发挥家庭体育的积极作用，推动学校社区体育一体化可持续、健康发展。

（4）大力开发体育校本课程、实现学校体育教学内容与社区体育的衔接

传统学校体育课程对地方和社区的适应性差，学生体育学习内容与社区体育脱节，学生在学校所学的运动技能、方法等在社区体育活动中难以用上。所以，应以新时期我国学校课程改革为契机，充分挖掘、整合和利用校外体育课程的资源，积极开发体育校本课程，以增强课程对地方和社区的适应性，实现体育教学内容与社区体育的衔接。把体育校本课程建设成为学生喜欢，便于实施，也益于形成具有特色和优势的独特课程，促进学校体育和社区体育的共同发展。

（5）发挥地方政府实施管理的纽带作用、加强场馆设施资源的有效整合与合理配置

在场馆设施资源方面，学校比社区内其他企事业单位有着明显的优势，但是，在课余时间和节假日时间学校的体育场馆利用率不高，资源闲置现象严重。同时就我国学校体育目前的资源现状来说，虽然国家和地方政府在逐年增加教育经费等方面的投入，但还很难满足学生对体育教育日益增长的需求，整合、利用社区体育资源成为缓解学校体育资源不足的有效途径。地方政府是对二者实施管理的

权力源头，因此，就需要充分发挥地方政府实施管理的纽带作用，树立整体观念，加强体育资源的有效整合与合理配置。一方面学校体育场馆设施等资源向社区充分开放、社区体育资源为学校所充分利用，达到资源的有效整合；另一方面要对今后的体育资源进行合理配置，达到互补、互利、互助、互动的功效。

（6）积极推广"俱乐部型"体育课模式、实现学校体育与社区体育组织形式的衔接

在欧美国家，作为社会体育最佳组织形式的社区体育主要是以体育俱乐部的形式存在，而体育俱乐部一直发挥着学校和社区体育一体化的桥梁作用，目前在我国，以班级授课制为主要形式的学校体育已经很难适应当前市场经济改革对体育发展的要求，应积极推广"俱乐部型"体育课模式，建立起以单项体育组织为基础，以融课外体育活动俱乐部与体育教学俱乐部为一体的学校综合性体育俱乐部为其开展各种体育活动的基本组织形式，促使学校体育俱乐部积极融入社会单项体育组织中，满足广大学生日益增长的多元化、个性化的体育需求，加速学校体育的社会化进程。

（7）增进学校和社区的沟通、促进教育科技的联合与协作

学校体育，特别是中高等院校在社区体育科研方面具有良好的科技人才、知识、方法、设施等资源储备。学校应充分利用这一优势，响应"一二一"运动工程的倡议，走出校门，积极参与到社会实践中去，有针对性地对全民健身理论、健身方法、健身用品等项目进行深入广泛的专题研究和技术开发。如创编不同职业的健身操，开发健身器械，创办特色的研究中心和开发中心，组织并参与管理以健身为目的、多种内容、多种形式的培训班、俱乐部、社团等，为社区体育的发展提供监督等。不但为社区体育的开展提供了及时有效的指导和监督，提升了社区体育的教育科技含量，促进社区体育由注重"量"到注重"质"的均衡发展。同时也为学校体育教学、科研工作提供了丰富的社会化内容和资料，有利于学校体育改革的进行，有利于学校体育的社会化。学校和社区要加强沟通，促进教育科技的联合与协作，使学校体育和社区体育之间产生持续互动的效应。

（8）解放思想、拓展经营性体育服务

社区体育服务是一种很有潜力的产业，随着人们生活水平的提高，全民健身计划的实施，人们"花钱买健康"的意识增强，越来越多的居民加入社区体育的

潮流中去，可见，社区体育服务的市场是极其广阔的。因此，要解放传统的学校体育只有教育功能，没有服务功能和经济功能的思想，充分整合、利用学校体育资源，特别是中高等学校的科技教育资源，把"产""学""研"结合起来，在坚持公益性服务与经营性服务结合原则的基础上，通过提供多层次、优质、专业的体育服务，满足学生和社区其他成员更加专业化、个性化的消费性体育需求，这不仅符合我国体育体制改革的精神，同时也符合学校体育、社区体育发展的现状以及社区成员的利益。学校体育要发展也需要不断从外界获得物资、资金、信息、人员和技术等资源，社区力量的介入，使学校能够很好地引进和利用社区的企业或个人的人、财、物资源，促进学校体育的发展。而且通过合作，对体育健身、培训等市场进行培育和开发，能够在满足社区成员更加专业化、个性化的消费性体育需求的同时，也能增强社区体育的自我造血功能，为社区体育可持续发展提供足够的后劲。学校和社区拓展经营性体育服务是学校体育与社区体育实现有机结合后，互惠互利协同发展的重要思路，具有广阔的前景。

（三）我国学校社区体育一体化发展的作用

1. 促进社区体育社会一体化

社区体育是城市现代化建设的内在要求和社区建设的重要窗口。社区体育的基本内涵就是体育社会一体化，社区体育在教育形式上包括学校体育、家庭体育和社会体育，社区体育的对象是全体居民，因此，不能简单地把社区体育理解为校外体育、社会体育和社会支持体育的三结合。

随着新时期我国体育体制改革的深化，"单位体育"功能不断地衰减，过去计划经济时代的"强政府、小社会"的体育体制正向着"强政府、大社会"的民办官助式的体育体制转变，这就要求社区体育必须形成一个由社会各界协同办体育的新的体育体制。学校是社区中最重要的组织之一，有着社区内其他企事业单位无法比拟的资源优势，整合学校体育优势，使学校体育融入社区体育发展之中，是社区体育社会一体化的关键。因此，实现学校社区体育一体化发展，对于推动社区体育社会一体化具有重要的意义。

2. 促进学校体育社会化

学校体育社会化指的是学校体育在促进学生个体与群体体育行为方式与社会相适应的过程。学校体育社会化是一个双向的过程。首先，学校体育以其自身独特的文化形式作用于学生，并向社区、社会辐射，可以促进社区体育、社会体育的发展。其次，学校体育引进社会体育资源，以积极的姿态进行自身的变革，可以增强对社会体育及社区体育变化的适应性。实现学校社区体育一体化发展，可以打破学校体育与社会体育的界限，增强学校体育与社区体育的互动与合作。一方面使学校体育获得发展中所需的人力、物力和财力等资源，有利于学校体育内部环境的优化，提高学校体育教育的效果。另一方面也增强了社区体育师资力量，优化了社区体育物质环境，有利于学生课余体育和社区群众性体育活动的开展，提高了学校体育社会化效能。

3. 促进居民体育生活化

当前，我们已经全面建成了小康社会，人们对健康生活越来越关注，但是也应该看到体育生活方式的普及还很不够。主要因为人口总体素质不高，体育生活价值的认识起点低；从深厚的民族文化土壤里培育出的传统生活方式和心理积淀，影响着体育生活化进程；由于计划经济的影响，人们个体体育行为的主动性和创造性还很弱；"劳动即体育"的误解，还相当严重地存在于一部分人的意识中。这些不利因素在社区中还不同程度地存在，弱化了体育生活价值。人们对体育生活方式的需要和接受除了社会生活环境的制约因素以外，还包括一个价值认同的问题，如果缺乏良好的体育文化环境和足够的体育文化底蕴，缺乏对体育生活价值意义的理解，体育生活化就是一句空话。因此，实现社区体育与学校体育一体化发展，通过资源整合，能够为居民提供参加体育活动所需的体育场馆设施。同时通过多种形式的合作，如举办体育健身知识讲座、培训班、加强对居民体育活动的指导等，有利于形成良好的体育氛围，从而提高社区居民的体育意识、习惯和能力，为体育生活化培植适宜的土壤，从而促进居民体育生活化。

4. 促进社区体育产业化

随着现代人健康观念的改变，人们对自身的生存质量产生了更多方面和更高品位的追求，花钱买健康已成为时尚，健康事业呈现出强大的产业化势头，体育也随着社会生活的变化走上了产业化道路，并形成越来越大的社会需求和市场空白。社区体育产业市场的培育和开发有赖于社区居民体育消费意识的提高。体育消费水平是体育人口的发展水平、体育产业发展水平的反映，体现了人们生活质量和人们对社会体育、社区体育的满意程度。学校体育与社区体育的交流、合作，可以弘扬和发展现代体育与民族传统体育相互交融的本土化的社区体育文化，通过对体育基本知识、健康基本知识、健身基本知识等的传播，有利于社区居民形成正确的体育价值观念和健康文明的体育生活方式，促进体育消费意识和观念的形成。同时，学校体育与社区体育的互动合作还可以优化社区体育环境，满足社区居民不同程度的体育需求。通过对体育场馆、人力资源和运动项目等资源的整合、开发和利用，结合社区体育特点，在坚持公益性服务原则的基础上，把有偿低偿和经营性服务结合起来，根据社区居民的需求，依靠自身的优势，培育和开发社区体育产业市场，在努力获得社会效益的同时为体育一体化的可持续健康发展积累资金，促进其良性运行，不仅有利于满足社区居民多层次的体育需求，也有利于促进社区体育的产业化。

第二章　城市社区体育的建设

社区体育在我国兴起以来，关于社区体育建设的问题还没有受到应有的重视。只是有少数从社区体育建设的难点、社区体育建设的目标模式、社区体育设施建设等角度对社区体育建设相关问题进行研究。因此，有必要对社区体育建设的理论内涵进行深入研究。本章为城市社区体育的建设，内容包括城市社区体育建设的定位、城市社区体育建设的原则和目标，以及城市社区体育建设的运行机制。

第一节　城市社区体育建设的定位

一、树立"以人为本"的城市社区体育建设理念

城市社区体育的参与主体是共同区域生活的全体居民。在社区体育建设的定位上，要树立"以人为本"的理念，体现共同区域生活的全体居民的意愿和需要，把公益性放在社区体育的第一位。当然，社区体育建设也要寻求多样化发展之路，适当发展经营性社区体育，对改善社区居民体育活动质量是一个重要的补充。社区居民"健康投资"意识的提高，不仅有利于提高居民参与公益性体育活动的积极性，也有利于经营性社区体育的发展。根据社区体育的功能和社区管理部门的职责，社区体育建设应以公益性为主体，经营性为辅助，发挥体育职能、社区管理部门的主导作用，培育、扶持社区公益性体育组织，适当发展经营性社区体育组织，在工作中起到引导、管理、监督的功能。

二、城市社区体育建设的内涵

目前，关于社区体育建设的内涵尚有不同理解。主要有以下几种：一是认为社区体育建设就是在一个社区内搞好体育工作的配套建设。二是认为社区体育建

设就是依靠社区力量，发展社区经济，强化社区功能，解决社区体育问题。三是认为社区体育建设就是把社区体育与社会体育的发展放到大社会中去，并把大社会体育的指标体系引进社区，使小社区体育工作与社会体育同步。四是认为社区体育建设就是依靠和调动各方面的力量，充分利用社区内的体育场所和资源，发展社区体育的各项事业，搞好社区体育的系列化服务。五是认为社区体育建设是在各级政府的帮助和指导下，调动和依靠社区各方面力量，利用社区的体育资源和优势，改善社区的社会和文化环境，强化社区体育的综合功能，发展社区体育的各项事业，使社区体育与整个社会体育生活融为一体，从而全面提高社区体育工作水平，促进整个社会体育的不断进步与发展。六是认为社区体育建设是依据社区体育规划对社区这个有机的社会综合实体有计划地、全面地进行体育环境建设等。

上述几种理解，尽管在表述上并不一致，各有侧重，但其共同之处还是很明显的。例如，大都同意社区体育建设是社区的全方位建设的重要组成部分，是一项系统工程；大都强调社区体育建设必须利用社区资源，依靠和调动社区各方面力量；等等。

社区体育建设是对社区体育工作的总体概括，是指在党和政府的主导下，依靠社区力量，利用社区体育资源，强化社区体育功能，解决社区体育问题，提高社区成员的生活质量，促进社区政治、经济、文化、环境协调健康发展的过程，也是社区体育资源和社区体育力量的整合过程。其内涵应确立为：政府社区组织、社区成员三方合作，政治、经济、社会文化三种资源共同支持的社区体育组织建设社区体育服务建设、社区体育环境建设以及社区体育文明建设等。

三、社区体育建设的主要特征

（一）综合性

社区体育建设是指整个社区的全方位建设，而不是特指某一方面的工作。从内容来看，它包括深化社区体育服务、优化社区体育环境、开展社区文化教育和体育活动、建立健全基层社区体育组织体系、加强社区体育文明建设等方面，具有极强的综合性。就方法和手段而言，包括经济手段、行政手段、社会手段等，也具有极强的系统性、综合性。社区体育建设的综合性特征根源于社区体育要素的多样性和社区体育内容的复杂性。社区体育作为地域性的社会体育团体，是人口、环境、生产和生活设施、文化、思想意识和管理机构等要素的综合体，是社区成员的政治生活、经济生活和文化生活的统一体，而以促进整个社区全方位发展为基本目标的社区体育建设就应该涵盖这些要素和生活方面。

（二）社会性

社区体育建设既不是一种单纯的政府行为，也不是一种单纯的民间活动，而是各类社会群体、各种社区体育力量共同参与的过程。就我国社区体育的情况来说，一是各级政府机构承担着制定和实施社区体育建设政策和社区体育建设规划、完善社区体育建设制度、推动社区体育建设工作，并在其中协调居民、社团和企事业单位之间的关系等职责。二是居民委员会和各种社会团体发挥着骨干或中介作用。居民委员会和各种社会团体是党和政府联系广大居民大众的桥梁、纽带。在社区体育建设过程中，它们的重要作用是动员组织居民参与社区体育活动，落实社区体育建设规划，并从自身的实际出发搞好微型社区体育建设等。三是广大居民大众和辖区企事业单位发挥着基础或支持作用，没有他们的广泛参与和积极支持，社区体育建设就不可能达到预期目标。由此可见，社区体育建设的主体包括了各类社会群体和社会组织，包括了社会各方面力量。正是从这个意义上说，这项事业具有明显的社会性特征，并由此决定了"社区体育建设社会化"的必然性。

（三）地域性

由于社区体育是一种地域性的社会团体，社区体育建设应具有突出的地域性特征。社区体育建设主要是根据本社区成员的需求和愿望，解决本社区体育问题，为本社区成员提供多样化的体育服务。社区体育建设的组织者和参与者主要是本社区内的居民、单位和群体、组织。另外，社区体育建设的活动范围主要局限于本社区之内，并在一定程度上受本社区地理环境条件的制约。由此决定了不同社区的社区体育建设工作带有明显的地方性特色。

（四）计划性

现代意义上的社区体育建设工作是人们在认识和掌握了社会发展规律的基础

上，自觉地推动社区体育变迁的过程。这种自觉性的突出表现是有计划性。一般地说，要系统开展社区体育建设工作，需要从社区实际情况出发，制定长期、中期、短期的切实可行的社区体育发展规划和工作计划，并按计划开展活动。因此，计划性是社区体育建设的一个主要特征。

（五）大众性

社区体育建设是一项大众性的体育工作，社区居民的根本利益和实际需求是社区体育建设的出发点和立足点。这是社区体育建设发展的根本所在。因为社区居民参与社区体育是社区体育发展的坚实基础。社区居民的参与热情越高，社区体育发展越快，社区体育建设工作开展得也会越好。所以，必须使全体居民对其所生活的社区形成认同感、荣誉感、归属感与参与感，即社区意识。只有真正树立社区意识，才能增强居民对社区体育的向心力和凝聚力，才能促进社区体育的建设和发展。

四、城市社区体育建设区域问题

对城市社区体育建设区域进行分析研究，社区体育建设到底在什么一个范围内进行，这既是一个实践中的突出问题，又是一个颇有争议的重大问题。

（一）关于社区体育建设区域问题的几种观点

第一种观点，将社区体育建设的区域界定在街道办事处所辖范围。主要理由，一是社区体育建设工作要有一定层次，要有一定的权威机构去领导、规划、协调、落实。而街道办事处不仅具备这样的能力，而且开展社区体育建设能使街道体育工作方向更加明确，职能更加完备。二是社区体育建设要有适度规模，操作范围不能太大，也不能太小。目前的街道办事处辖区面积一般在 1.5 平方千米，人口 5 万人左右，适宜作为社区体育建设的操作对象。三是将社区体育建设的操作对象界定在街道范围，实际上是街道和居委会两个层次，这样可以使社区体育建设工作统筹安排，上下配套，互补遗缺，使许多体育硬件设施具备一定规模和质量，可以满足不同层次的体育需求。四是将社区体育建设的操作对象界定在街道办事处辖区范围，有利于大众体育组织建设工作，使这项工作有了抓手和重点。

第二种观点，将社区体育建设的区域界定在居民委员会所辖范围。其主要理由，一是经过调整的居委会辖区已不像过去那般狭小，大都在一定程度上具备了社区体育的几个基本要素，因而适宜作为社区体育建设的操作对象。二是社区体育建设的宗旨是社区体育自治，是通过"民主选举、民主决策、民主管理、民主监督"来实现居民"自我管理、自我教育、自我服务"。因此，社区体育建设就只有定位在居委会这个层面才是基层大众性自治组织，而街道作为政府的派出机构，无法实行自治。

第三种观点，将社区体育建设的区域确定在街道办事处之下、居民委员会之上这样一个层次。比如，现在的住宅小区，适宜作为社区体育建设的操作对象。其主要理由，一是从社会学角度来看，居委会和街道行政区域都不适合社区体育建设。前者太小，缺乏必要的公共联系纽带，地域性不强或不完整；后者则太大，属行政区，缺乏归属感和成员间的亲密关系。而生活小区则与社区体育的概念和要素基本吻合，意味着抽象社区体育向具体邻里社区体育的复归。二是社区体育建设是一项系统工程，是一个只有在较大一些的区域内才能完成的事业，起码需要把两个或更多一点的居委会空间作为一个活动单元。如果定位在单个居委会辖区，它无力完成社区体育建设的使命，但若扩大到街道办事处层次，则有可能把社区体育建设变成完全的政府行为，有可能压抑居民大众的参与积极性，导致政府包办代替而又包不起来的现象。

第四种观点，从地域范围来看，有大、中、小型和微型社区建设之分。其中，大型社区体育建设相当于地方行政系统中的省、自治区、直辖市一级，不仅地域范围广泛，人口众多，而且经济、社会结构都极其复杂。中型社区体育建设相当于地方行政系统中的省辖市、直辖市的区，这一层次是国家、地方经济、社会发展计划的基础。小型社区体育建设指城市的街道这一层次，它是城市社区体育建设的基础建设，具有典型意义。微型社区建设指城市中的居委会所辖范围。社区体育建设的重点主要是中、小、微型社区体育（尤其是小型和微型基层社区）。

（二）社区体育建设的区域

上述几种观点，各有一定道理，也有部分的实践根据。但是，当我们界定社区体育建设的操作对象（对象实体）时，首先应考虑到社区体育建设操作实体要同时满足以下四方面的条件：一是必须具备社区体育的基本要素和基本含义。因为社区体育建设说到底也就是建设社区体育，倘若它的建设区域不具备社区体育的基本条件，那就根本无法称之为社区体育建设。二是具有明确的社区边界。客观地说，现代化进程中的社区的边界是模糊的，有时是难以确定的。由于社区体育建设不仅仅是一个抽象概念，更重要的是一种实际行动，是一种具体的操作过程，从而要求其建设区域必须具有明确的地域范围，否则就难以操作推动。三是具有权威的社区体育组织和管理机构。这是因为社区体育建设是有计划的社会变迁过程，是一种有组织、有领导的大众化活动。社区体育建设必须坚持党和政府主导的原则，从而客观上要求其建设区域在具有明确的地域范围（标准化小区）的同时，还要有协调、动员该地域范围内居民大众、企事业单位参与社区体育建设活动的权威性组织和管理机构。四是既便于组织、联系广大市民大众，又便于社区体育服务设施的合理配置和利用率的提高。居民既是社区体育建设的主体，又是社区体育建设的客体，及时了解社区居民的体育需要，组织他们广泛参与社区体育活动，是社区体育建设的基本要义。这就要求社区体育建设最基础的组织单位能与社区体育中的绝大多数居民家庭直接互动。同时，还应该考虑到不因服务范围过小造成社区体育设施的重复建设和一定程度的浪费、闲置。

上述要求的多重统一，决定了我国城市社区体育建设的操作对象或对象实体是基层法定社区。"基层法定社区"是天津社会科学院社会学所研究员、民政部"全国社区建设实验区专家顾问组"成员唐忠新同志提出来用以概括我国城市社区建设之对象实体的一个范畴，是基础社区和法定社区的结合体。基层法定社区具有三层含义：其一，它具备社区的基本要素和基本条件，是现实中的社区。其二，它是一种法定社区，往往是在自然性社区的基础上，出于社会管理的需要而设置的社区，具有明确的社区边界和法定的社区组织管理机构。其三，它是一种基层社区，是基层政权组织和基层大众性自治组织辖区共同体。这样的基层法定社区，在我国城市现阶段主要是指由区、街、居委会三个层次的辖区共同体所构成的社区体系。

这个社区体系之所以适宜作为社区体育建设区域的主要理由在于：一方面，它们都具备社区体育构成的基本要素和基本条件，是现实中居民参与体育活动的主要场所。另一方面，它们可以满足社区体育建设工作的一系列要求，有助于实现社区体育建设的多重目标。比如，它们都有明确的社区边界、相对权威性的法定社区组织管理机构（区政府、街道办事处、居民委员会）等。更为重要的是把区、街、居委会三级辖区共同体所构成的社区体系，而不是其中的某一层次。作为社区体育建设的区域，既便于依托居民委员会直接组织联系广大居民大众参与社区体育建设活动，又便于社区体育服务和社区体育设施的合理配置和利用率的提高，不会因服务范围过小造成社区体育设施的短缺。事实上，我国的社区体育建设已经显露了区、街、居委会、居民小组"四个层次一体化"的操作格局。

第二节　城市社区体育建设的原则和目标

在联合国的有关文件和中外学者关于社区建设的众多论著中，"以人为本"都被置于一个核心地位，人本或人文精神成为大家公认的社区建设宗旨和原则。只有明确了社区体育建设的原则精神，才可以进一步确定社区体育建设的目标指向、活动内容以及指标界限，从而为社区体育建设的目标界定一个基本的范围。

一、社区体育建设的基本原则

（一）以人为本、服务社区原则

以人为本，就是要以人为核心去做工作，以满足居民的体育需要为前提去建设社区体育。社区作为一个区域，居民是其中核心的要素，改善居民的体育环境，提高居民的生活质量，就成了社区体育建设的根本目标。简言之，这一原则就是要坚持以不断满足社区居民的体育需求，提高居民生活质量和文明程度为宗旨，把社区体育服务作为社区体育建设的根本出发点和归宿。

（二）资源共享、共驻、共建原则

"共享和共建"的实质就是社区内的单位和个人在财力、物力、人力等各方面形成合力，共同建设社区体育的各项工作。随着单位人向社会人的转化，社区作为一个相对稳定的人的聚居地，成为一个大家共有的家园。所以，要充分调动社区内机关、团体、部队、企事业组织等一切力量广泛参与社区体育建设，最大限度地实现资源共享、共有，营造共组社区、共建社区体育的良好氛围。

（三）权责统一、管理有序原则

实际就是要改革城市基层社会体育管理体制，建立健全社区体育组织，明确社区体育组织的职责和权利，改进社区体育的管理与服务，寓管理于服务之中，增强社区体育的凝聚力。

（四）基层自发原则

主要强调社区体育建设是地方性的基层工作，强调社区体育建设应由社区居民自发进行。在社区体育建设过程中充分发挥居民的主体作用，充分调动居民的主动性与创造性，使社区体育建设的过程成为社区居民主动参与的过程，使社区体育建设活动成为社区成员以自己的努力解决自身生活问题的自觉活动，成为依靠社区自身力量以民主方式达成自我管理、自我发展的过程。逐步实现社区居民的自我管理、自我教育、自我服务和自我监督。

（五）因地制宜、循序渐进原则

我国各地的差异比较大，所以，社区体育建设要坚持实事求是，一切从实际出发，突出地方特色，从居民迫切要求解决和热切关注的社区体育有关问题入手，有计划、有步骤地实现社区体育建设的发展目标。

（六）全面规划原则

社区体育建设全面规划原则，强调社区体育建设必须进行全面的综合规划，以使社区体育建设计划既适合当前需要，又符合社会发展的长期目标。

二、社区体育建设的主要目标

当前，在社区体育建设的实践中，各地曾对社区体育建设目标做过一些探索，如上海浦东某些社区体育的发展目标就有一系列指标规划，将社区体育人口、社区体育环境、社区体育公共安全、社区体育保障、社区体育服务、社区体育卫生保健、社区体育教育、社区体育文化娱乐、社区居民体育质量、社区体育管理作为建设的指标项目。也有的地方政府将社区体育建设目标做出一种定性的具体化的描述，诸如"体育生活丰富、体育环境整洁、体育秩序安定、体育风尚良好、体育与文化进步、体育教育全面、体育设施先进、体育服务完善、体育管理配套、体育组织健全、体育共建普及"等。上述种种对社区体育建设目标的规划界定虽具有操作性强、切合实际的特点，然而从社区体育建设的长远规划考虑，其层次性、全面性略显不足。社区体育建设目标是一个综合性、多层次的体系。根据 2000 年 11 月 19 日中办发〔2000〕23 号文件《中共中央办公厅、国务院办公厅关于转发〈民政部关于在全国推进城市社区建设的意见〉》规定，结合我国今后 15 年社区建设的主要目标，将社区体育建设的主要目标定位为：

（1）适应城市现代化的需求，加强社区体育组织和社区居民体育自治组织建设。建立起以地域性为特征、以认同感为纽带的新型的社区体育，构建亲民、便民、利民的大众体育服务体系。

（2）以拓展社区体育服务为龙头，不断丰富社区体育建设的内容，增加社区体育服务发展的项目，促进社区体育服务网络化和产业化。建设好社区健身场地，方便居民就地就近参加体育活动；努力提高居民生活质量，不断满足人们对体育的需求。

（3）加强社区体育管理，理顺社区体育与社会各方面的关系。完善社区体育功能，建立与社会主义市场经济体制相适应的社区体育管理体制和运行机制。健全群体活动组织，建立社会体育指导员工作队伍和社会化的大众体育活动网络，完善国民体质监测系统。

（4）充分发挥社区力量，合理配置社区体育资源，大力发展社区体育事业，不断提高居民的身体素质和整个社区的文明程度。

三、社区体育建设的阶段划分与内容安排

根据我国社区体育发展现状，参照国外相关经验、遵循社区体育建设原则要求，准确把握社区体育建设的阶段性特点，进而对社区体育建设作出相应的时序划分和中长期规划就显得十分必要。

按照对社区体育建设的阶段划分与内容安排的研究，可以把社区体育建设划分为三个阶段。

第一阶段的社区体育建设重点在改革社区体育基层组织管理体制，确立社区体育组织作为基层社会单位的主体地位。

第二阶段把发掘社区体育资源、发展社区各项体育事业、提高居民生活质量

作为主要建设内容。

第三阶段将社区体育建设成组织完善、功能全面的自治体制。

上述社区体育建设的阶段划分着重强调了社区体育组织管理体制转换的重要意义，希望通过社区体育组织管理体制的逐渐构建带动社区体育其他建设事项的配套跟进，使社区体育建设由表及里、循序渐进。需要补充的是，在社区体育建设过程中，居民的主体作用与全面参与是至关重要的一个因素，它既是社区体育建设贯穿始终的主题，也是衡量社区体育建设阶段性成果的一个重要指标。因此，将社区居民的现代社区体育意识和社区凝聚力作为一个参照系来划分社区体育建设的阶段，似乎更能体现社区体育建设的原则精神与目标要求。因此，把社区体育建设划分为如下三个阶段。

第一阶段：塑造现代社区体育意识，逐步改革现行社区体育管理体制。

把社区居民现代体育意识的培养作为本阶段的重要内容，既贯彻了"以人为本"的建设原则，又是基于中国当前社区体育发展的实际。所谓现代社区体育意识的塑造和培养主要包括居民对社区体育作为生活共同体这一地位的认识、社区居民体育的形成或基本形成社区体育归属感、居民对现代体育文明生活方式的养成以及政府行政管理部门对社区体育作为基层社会单位之角色地位的认知，同时还包括政府倡导并支持社区体育管理体制改革的意识与热情。就我国社区体育现状而言，政府倡导与支持起着关键性作用，但这并不等于政府过度参与甚至包办代替，而应是充分利用政府权威倡导、动员、恰当的经济支持和政策支持以及对社区体育建设予以监督、评估和经验推广，从而激活社区各类体育资源，使之成为社区体育后续建设的持久内在动力。

第二阶段：健全社区体育组织体系，全面发展社区各项体育事业。

相对前一阶段，这一时期的突出任务是健全与完善社区体育组织体系。具体而言，社区体育管理组织进一步由行政主导型向社团自治型转换，培育并发展各类由居民参与组成的公共事务管理机构和自治组织；大力建设社区体育社团组织，主要包括满足居民体育活动需要的服务组织、行业协会、娱乐组织等。初步形成围绕着居民权益、以满足居民体育活动需要为目的、层次多样、门类齐全的社区体育组织体系，为社区体育建设的持续进行提供坚实的制度保障。

第三阶段：进一步完善社区体育功能，增强社区体育整合。

社区体育建设以"人本"为旨归，以人文发展目标为最高追求，而社区体育建设的最终成果要以居民生活的全面提高和个性全面发展为评价指标。因此，社区体育功能的进一步完善显得至关重要，它必须与社会发展的实际状态相关联。虽然，社区体育功能的完善没有固定的标准，它是一个动态的指标，但是它可以通过社区经济、政治、文化、体育等各项事业的全面发展得以表现，更重要的是通过居民生活质量的全面提高、社区居民人文素质的全面提高、社区凝聚力的不断增强以及社区文化的繁荣而表现出来。

第三节 城市社区体育建设的运行机制

经过几年社区体育建设的实践探索，全国各地形成了多类建设的运行机制，其主要有上海模式、沈阳模式、江汉模式（武汉）以及天津模式等，这几个城市的社区体育建设的基本做法各具特色。社区体育建设是一个系统工程，不是靠哪个部门，哪些人就能搞起来的。只有建立起党委和政府领导，民政牵头，有关部门配合、社区居委会主办、社会力量支持、群众广泛参与的运行机制，才能实现社区体育建设的目标。

一、领导机制

自上而下形成推动力，是社区体育建设顺利进行的关键。这就需要加强体育行政部门、民政部门对社区体育建设规划的领导，加强部门间的协调，形成共建的合力。

（一）建立领导机构，实行联席会议制度

搞好社区体育建设，加强社区管理，涉及许多相关部门。每个部门都有自己的职责。如文明办负责社区精神文明建设；文化体育部门负责社区文化建设、文体活动中心的建设以及各项活动的开展，指导社区开展丰富多彩的社区文化体育活动；卫生部门负责社区卫生设施建设……如果哪个部门不履行职责，就会影响社区功能的发挥，就会影响社区体育建设与管理。

随着社区体育建设的推进，不少部门已经认识到社区这个工作平台的重要

性，纷纷把工作重点放在社区。但是，仍存在着各自为政的情况，还没有形成社区体育建设的合力。社区体育建设涉及的部门多，有的还牵涉部门之间利益的冲突。基于这种情况，建立一个领导机构把各个部门的力量整合在一起是十分必要的。因此，省、市、区街道要成立以党政主要领导参加的社区体育建设工作委员会，负责协调各部门在社区的工作，研究解决社区体育建设过程中出现的问题等。为了使这个工作委员会切实发挥作用，可以实行联席会议制度，由各成员单位的负责同志定期召开会议，研究解决社区体育建设和管理中出现的具体问题。

（二）加强信息沟通与合作，发挥创建活动的推动作用

制定考核社区体育建设和管理的综合指标，借助卫生城市、文明单位创建，把社区体育建设作为载体，将各种活动统筹安排，分工负责，形成互为促进的局面。

二、政策引导和激励机制

如果把党政领导作为社区体育建设的外在推动力的话，那么，社会力量支持、广大居民参与就是社区体育建设的内在动力。只有内力和外力的共同作用，才能把社区体育建设好。为此，必须找准社会力量和居民与社区的结合点，制定相应的政策，建立激励机制，使社区体育建设长久、持续、健康地实施。

（一）建立激励居民参与政策

社区体育建设必须依靠广大居民的广泛参与。动员居民参与，需要划分居民的层次和类型，针对不同层次、类型的人，采取不同的激励政策。

首先，应吸收一批热心社区体育公益事业，乐于为居民服务的社区体育志愿者队伍。志愿者队伍的多少，标志着社区的文明程度。政府对这部分人予以不同形式的表彰或给以政治荣誉。

其次，应把有技术专长的居民登记造册，发挥其技术优势，为居民服务。对这部分人的劳动，通过低偿收费部分予以补助。有的地方还可实行"时间储蓄"，即把你为别人服务的时间记录在案，等你需要服务的时候，可以享受同等时间的服务。在假期，可以结合学校安排的社会活动，组织青少年参加社区体育活动。要充分重视老年人在社区的作用，一方面要组织好老年人的体育活动，使他们老

有所乐，另一方面还要动员他们为社区做些力所能及的贡献。通过对居民采取不同的激励政策，激发居民参与社区体育建设的热情，培养居民的社区意识。

最后，应通过利益联系，调动居民参与的积极性。注重用共同需求、共同利益来调动居民广泛参与的积极性，使他们在参与社区体育建设活动中得到实惠。

（二）鼓励社会力量进社区

社区体育建设与管理完全依靠政府，必然走上政府包办社会事务的老路上。因此，必须发动方方面面的积极性，尤其是社会力量参与，要动员社会力量支持社区体育建设，培育社区中介组织，建立激励机制。

一要培育和发展社区体育中介组织。虽然社区体育中介组织在我国尚处于成长的初期阶段，但已显示出促进社区体育建设的重要力量。越来越多的社会中介组织已经介入体育赛事、体育经营、体育管理等，这些情况表明，社区体育中介组织正日益成为社区体育建设的主体力量之一。政府要培育和发展现有的体育社会团体，逐步实现部分政府机构、部分事业单位向社会中介组织转制。在现有社区群众性组织的基础上，按照社会中介组织的规范和要求，培育若干专门性的社区体育中介组织等。

二要通过政府委托和利益驱动，使社会力量进社区。社区与居民紧密相连，而居民是消费的终端，社区这个大市场，对社会力量具有一定的吸引力。政府在社区举办的体育建设项目，可以通过招标等形式委托中介组织办理，提高这些组织为社区做贡献的积极性。要通过发布信息、提供条件等途径，鼓励社会力量兴办社区体育事业。

三要制定和完善鼓励扶持中介组织积极参与社区体育建设的政策法规，包括资金、项目、场地、税收等优惠政策，为中介组织参与社区体育建设事业提供良好的制度条件。同时，政府要出台有关社会力量进社区的服务规范标准，实施有效的监督。

（三）鼓励社区内的单位参与社区体育建设，实现资源共享

一是体现双向服务。我们不能只要求驻地单位为社区体育建设投资，作为社区内的自治组织要主动协调有关单位，为生产经营管理创造一个良好的外部环境。

二是出台有关政策。单位投资于社区，既是为单位创造一个良好的外部环境，也是为社区尽了义务。在不违背市场价值规律的前提下，政府可以出台有关政策，如对社区开放单位内原福利性的公共体育设施，为社区成员共享。公共单位在社区投资兴办公益事业和公共设施，在税收上进行减让等。

三是注重典型宣传，扩大单位的影响力。对于在社区共驻共建、资源共享中作出突出贡献的驻地单位，要通过新闻媒介、表彰等形式予以肯定和鼓励。

三、社会投资机制

目前，我国社区体育建设资金来源极不规范，尚未形成固定的投资方式。社区投资仅靠政府很难负担，因此，建立政府投资和社会筹资相结合的资金筹措机制是解决社区体育建设资金短缺的重要手段。

（一）建立社区体育建设基金

随着社区体育体制的建立，各级政府应建立对社区体育组织、社区体育服务机构的项目资助制度，并将这种资助纳入各级政府财政预算。目前，我国的一些城市社区体育实验区在政府资金投入方面进行了积极的尝试和探索，将社区体育建设纳入年度经济和社会发展计划，在财政上建立预算科目，实行费随事转、税收返还、财政转移支付特殊补贴等。一些实验区按每年新增区级财政收入的一定比例增拨社区体育建设支出，专项用于发展社区体育的各项事业。北京、天津、济南、南京等地就是通过发展社区税源经济，为社区体育建设提供了资金保障，促进了社区体育工作的开展。

（二）吸引社会力量投资

社区体育服务业社区体育服务是社区体育建设的龙头和骨干，是新的经济增长点，是安置下岗职工的有效途径，已成为共识。随着形势的发展，需要出台新的发展社区体育服务的优惠政策，吸引社会投资，形成社会化的投资机制，使社区体育服务走社会化产业化的道路。

（三）改革现行体育彩票、足球彩票、福利彩票的发行制度

由各社区合理布点，选派售票人员，这样既可以解决一部分特困人群的就业问题，社区也可以从中获取一定的销售佣金。吉林省四平市足球彩票、福利彩票

销售就是按这种方式操作的，是一个成功的经验，值得推广。

（四）强化建设资金的使用管理

加强对社区体育建设资金从筹集、使用到监督等方面的制度化管理，对资金使用进行严格的审批和监督，保证社区体育建设资金的专款专用。

四、发挥民政部门的牵头作用

（一）基础作用

民政工作的特点具有基层性、社会性、群众性，是直接面对广大群众的工作。社区建设是城市民政工作的载体。社区自治组织在社区体育建设中起着基础性的作用。要做好这些工作，就必须在基层寻找到着力点，必须紧紧依靠社区居委会。只有组织建设好了，在社区有了阵地，各项工作才能在社区找到立足点，才有体育建设工作的平台。

（二）推动作用

民政部门在社区体育建设中起着推动作用。主要表现在以下几个方面：一是通过调查研究社区体育建设的状况及存在的问题，给政府当好参谋助手。二是抓好试点工作，总结推广经验。尤其是在社区体育建设处于起步阶段，要从社区体育建设本质要求出发，选择不同类型的城区、街道或居委会，分别进行社区体育建设试点，并及时总结试点经验，然后通过各种行之有效的途径进行推广。三是通过评比表彰，进行示范引导。评比表彰是推动工作的有效方式，也是民政部门推动社区体育建设工作的一项职责。通过评比表彰先进社区、先进集体和先进个人可以树立榜样，起到示范引导的作用。四是开展社区体育建设的宣传、培训工作，营造开展社区体育建设的舆论氛围。同时还要大力培训社区体育建设的组织人员和骨干分子，使他们掌握较为系统的专业知识，以利于社区体育建设工作的深入。

（三）协调作用

民政部门通过制定、修改有关社区体育建设的法规、标准和考核办法，把各有关部门的工作纳入标准之中，提交相应的机构讨论通过并实施，同时，还要协调有关部门督促、检查这些法规、标准和考核办法的执行情况，督促各项工作的落实。协调作用还表现在，协调有关部门，定期解决社区体育建设中出现的问题，为社区体育建设的顺利开展创造条件。通过对社区体育服务业的认证，规范社区体育服务业，并实行社区体育服务业的监督和管理，有利于促进社区服务走向规范化、社会化、产业化的发展道路。

第三章　城市社区体育的管理

社区体育管理是目前使用非常频繁的一个词，它经常和社区体育建设连用。由于城市社区体育管理的主要管理机构是政府的派出机构——街道办事处，农村社区体育管理的主要管理机构就是一级政府机构——乡、镇政府，因此人们往往把社区体育管理等同于原来的街道管理和乡镇管理。这主要是因为社区体育管理一词是从实际工作中自然形成的一个概念，缺乏明确的内涵界定，加上管理的地域特征和主导管理机构与街道管理和乡镇管理模式相同，造成了这种认识上的误区，在这里我们首先需要对社区体育管理的基本含义作出明确的规定，为方便起见，我们在本书中对城市社区体育管理进行探讨。

本章为城市社区体育的管理，内容包括城市社区体育管理概述、城市社区体育管理的原则和方法、城市社区体育管理的发展与创新。

第一节　城市社区体育管理概述

一、城市社区体育管理的重要性

（一）大力推进社区体育是当今中国大众体育的必然选择

随着生产力的发展和生产方式的改变，人们的经济收入不断增加，闲暇时间不断增多。与此同时，人们必然要追求生活质量的不断提高。参与体育活动是提高生活质量的重要方式之一，人们对体育的需求必将伴随社会发展与进步而不断增长。社区建设是社区资源和社区力量的重新整合，是当今中国社会转型的客观要求和必然产物。在新的历史条件下，我们必须摆脱旧体制和旧观念的束缚，将大众体育纳入社区建设，大力推进社区体育。这既是体育事业发展的要求，也是社区建设自身的需要，是符合中国国情的大众体育发展道路。从体育事业的发展来看，社区体育是大众体育的基点，抓好社区体育就抓住了大众体育的关键。从社区建设的自身来讲，社区体育不仅是社区精神文明建设的重要内容，而且是具有促进社区物质文明建设的重要作用。因此，各级政府和各级部门要提高对社区体育重要性和必要性的认识，把推进社区体育作为体育发展和社区建设的一项重要工作。

（二）强化组织管理是社区体育快速、健康发展的重要保证

调查结果表明，我国社区体育目前尚处在初始阶段，社区体育活动的开展主要依靠社区成员的自发组织。这种活动方式和组织形式不利于社区体育资源的利用和社区力量的发挥，也不利于社区体育的科学指导和进一步发展，难以满足社区成员对社区体育的普遍要求。强化组织管理，是当前社区体育发展的迫切要求。推进社区体育快速、健康发展，是加强社区体育组织管理的根本目的。在推进社区体育的过程中，既要坚决纠正那种认为社区体育是社会发展的自然产物，应该自生自灭，可以放任不管的错误思想；又要注意处理好组织管理与促进发展之间的关系，努力将管理与服务、管理与指导有机地结合起来，以管理促进发展，努力满足新时期人民群众不断增长的体育需求。

（三）建立和完善管理体制与运行机制，推进社区体育的持续发展

建立和完善社区体育管理体制与运行机制，是强化社区体育组织管理，推进社区体育发展的关键所在。经过大量调查研究和反复论证，并汲取民政部门有关社区建设的成功经验，我们认为，我国社区体育管理体制与运行机制的建构应遵循三条基本原则：第一，党政主导，各方参与；第二，重心下移，立足基层；第三，条块结合，以块为主。

现阶段社区体育管理体制的基本框架应包括以下内容：（1）在市一级设立社区体育领导机构及社区体育协会组织；（2）在市辖区一级建立社区体育指导机构及社区体育协会组织；（3）在街道一级成立社区体育工作机构与社区体育协会组织；（4）在街道辖区发展各类社区体育中介组织；（5）在街道辖区发展各种社区体育活动组织；（6）各级社区体育管理机构应建立健全工作制度和工作程序，实施规范化管理。

基于上述认识和思路，我们认为，推进社区体育的快速、健康持续发展，必

须重点抓好以下几个关键环节。

（1）发展社区体育，应依靠我国现行城市管理体制，以街道办事处为主要依托

社区体育最突出的特点是它的群众性，自然会要求其管理主体居于基层社区，直接面对社区成员。街道办事处是市或市辖区政府的派出机关，处于城市管理的基础层次，不仅具有管理整个辖区的法定资格，而且具有健全的组织机构和相当的经济实力，这些都是其他基层社团所不具备的，因而街道办事处最有资格和条件成为社区体育的主要依托。

（2）从实际出发，积极推进社区体育活动组织的发展

社区体育的核心是居民群众对体育活动的普遍参与，因而需要大力发展各种群众性的体育活动组织，为广大社区居民提供参与活动的机会和载体，这是推动社区体育所要解决的最实际、最直接，也是最为关键的问题。体育俱乐部是一种具有发展前景的组织形式，既有利于群众性健身活动的指导与管理，而且能够满足不同层次的体育需求。从我国社区体育的发展水平和需求出发，当前应大力发展满足大众健身需要的公益性业余体育俱乐部。

（3）大力发展中介机构，充分发挥中介组织的作用

街道办事处是社区体育的主要依托，对本辖区社区体育具有组织、管理、协调服务等职能。但是，街道办事处不可能直接面对本辖区内的所有体育活动组织，进行日常管理和具体指导。尤其是随着社区体育规模不断扩大，层次不断增多，内容不断丰富，这种可能就更不存在。解决这一矛盾的有效途径，是积极发展中介机构，建立各种中介组织。街道社区体育中介组织可归为三类：第一类是居民自治组织，主要包括居委会和家委会；第二类是体育协会组织，包括项目体协、人群体协、单位体协等；第三类是体育服务组织，包括各种体育活动中心、体育指导中心、体育咨询中心等。各类中介组织具有不同的特点和优势，社区体育的发展要注意充分发挥各类中介组织的综合效应。

（4）搞好社区体育活动，以活动促进社区体育组织的发展

我们抓社区体育的组织建设目的是搞好社区体育活动，丰富居民的体育生活。组织是社区体育的手段和形式，活动是社区体育的目的和内容，社区体育的组织发展决定于社区体育的活动要求。因此，我们应当紧紧把握活动这个龙头，通过

抓活动不断推进社区体育组织的发展，通过建立组织有效保证社区体育活动的开展。

（四）必须深入开展社区体育组织管理工作的理论研究

调查表明，造成社区体育组织管理工作薄弱的原因，除了重视不够和力量不足这两点之外，还有一条十分重要的原因是缺乏对社区体育工作的理论研究，特别是社区体育组织管理工作的深入研究。不清楚在我国社会转型经济转轨和体育需求日益增长的新形势下，究竟应该如何组织和管理好社区体育这一新生事物？这种理论研究落后于实践需求的现状，已明显影响到社区体育的组织管理和社区体育的快速发展。因而，在提高重视程度，加强管理力量的同时，要高度重视理论研究，努力探索有中国特色的社区体育管理模式。全面推动我国的社区体育工作。

二、社区体育管理的含义

社区体育管理是指在街道范围内，由街道党工委、街道办事处主导的，社区体育职能部门、社区单位和社区居民积极参与的区域性、全方位的自我体育服务和自我体育管理。

从社区体育管理的含义中我们可以清楚地看到：第一，社区体育的地域要素和人口要素和街道是基本相同的，社区体育管理的范围和人群基本上就是以前街道所管辖的范围和在此区域内生活的居民。第二，管理机构呈多极化态势。有作为主导的街道党工委和办事处；有政府各职能部门在社区的体育机构；有社区范围内的企事业单位，如学校、机关、企业等。这些单位存在于社区范围内，和社区体育息息相关，而这些社区单位拥有的体育资源较多，各有优势，有它们来参与社区体育管理，能通过资源共享的途径解决很多问题，加大管理力度。第三，社区体育管理的性质是群众性的自我服务和自我管理。社区体育是由社区成员通过互动关系和文化维系力联系起来的共同体，这种互动关系和文化维系力，使社区体育成员相互联系，结成紧密、复杂的关系。在这些关系中各社区体育成员之间是平等的，大家既有权对社区体育提出要求，又要为社区体育的建设、管理尽自己的义务，社区体育成员有义务来参与社区体育的建设和管理。第四，社区体育管理的目的是满足社区体育成员的需要，让群众满意。但由于需求的多样性，要让政府或社区单位全部包下来是不可能的，一定要发动群众自我组织、自我管理、自我服务，因此，社区体育管理应该是一种所有管理主体积极参与的自我服务、自我管理。要搞好社区体育管理，一定要协调各方的力量，充分调动各方面管理主体的参与意识、工作热情、主动性及创造性。

社区体育管理并不等同于街道管理，社区体育管理与街道管理的差异性通过各自的含义就可明显看出，它们主要表现如下。

（1）管理主体不同

街道管理体制是行政管理，管理主体唯一，就是街道党委和街道办事处；而社区体育管理的主体多样化，除了起主导作用的街道党工委和街道办事处外，还有各职能部门向社区体育延伸的机构，以及社区内的单位和社区居民，管理主体的范围大大扩展。因此，社区体育在管理的过程中要强调分而治之，相互协调，动员各方面管理主体的力量来共同参与管理好社区体育，街道没有必要把所有的事务都承担下来（这是对唯一性管理主体的要求），同时街道也无力全部承担这些事务。

（2）管理目标的设定方式不同

街道办事处是政府的派出机构，它必须要对上级政府负责，完成上级交派的任务，因此街道管理的目标设定方式是"眼睛向上看"的设定方式。其工作中心和重点随上级政府的工作目标而转移；社区的工作目标基本上由上级行政机关来设定。

社区体育作为一个区域性生活共同体，之所以有必要存在，就在于它能够满足社区成员的需要。社区体育管理作为一种自我服务和自我管理，应该为了满足社区体育自身的需求而开展工作。因此，社区体育管理的主要目标是发现群众的需要，满足群众的需要。社区体育管理的目标应是"眼睛向下看"的设定方式。即使对街道办事处而言，在社区体育发展的新形势下，在社区体育管理中作为主要的管理机构，其工作目标也必须体现社区体育的需要，不应完全由上级行政机关设定。当然，这两者并不矛盾，因为中国共产党和由其领导的政府的根本宗旨是为人民服务，最终的目的是满足人民日益增长的物质、文化生活需要，这和社区体育管理的工作目标是完全一致的。其差别仅在于工作目标的设定方式不同，但工作目标设定的内容和目标是一致的，都是为了有利于人民群众。

（3）管理对象不同

街道管理由于带有很强的行政色彩，必须符合行政性管理的规则，即以行政隶属关系和行政命令手段来进行管理。街道管理的对象较为单一，仅限于街道属下的企事业单位和依附程度较大的居民委员会，而不具行政关系的单位，特别是行政级别高于街道的单位以及广大居民一般不属于管理的对象，因此，街道管理的对象面比较窄，量也比较少，不能覆盖全部街道范围，有管理所不能及的空白点存在。

社区体育管理是一种地域化的管理，它是包括各种机构、单位和居民在内的所有社区体育成员的自我服务和自我管理。管理对象面广量多，覆盖整个社区，没有空白点存在。另外，从前面对社区体育管理主体的分析中我们知道，社区体育管理主体也包括了社区体育内所有成员，即管理主体同时又是管理对象。这种情况是社区体育所特有的，是由社区体育管理的性质所决定的，每个成员在管理自己的同时都有权管理别人，而自己也有接受别人管理的义务。在这种管理体制中，由地域联系来体现管理资格，而不是行政级别，即凡是社区体育地域范围内的单位和个人，无论是有行政隶属关系的上级主管单位存在的企事业单位和有工作单位的职工，还是没有上级单位的新经济组织等各类单位和无工作单位的社区居民，他们都必须接受社区体育管理，同时也都有权参与社区体育管理。

（4）管理方式不同

街道管理具有突出的行政性质，其管理方式是行政体制中通用的上下级之间命令与服从的方式。上级部门以指令方式为街道设定工作目标并布置工作任务，街道就确定的工作目标和任务开展工作，进行具体的落实，不论街道理解或不理解都必须服从、执行。

社区体育所有成员都是平等的，不需要用命令的方式来管理。另外，有很多社区单位不由街道管理，没有上下级隶属关系，有些单位的行政级别甚至远远高于街道，根本无法用行政命令的方式来管理。因此，社区体育管理方式是在相互尊重、平等的基础上，让各管理主体明白自己既是管理者又是被管理的对象，对社区体育有应尽的义务。以协商、讨论、加强沟通、相互理解、达成共识，并采取共同行动的方式来进行管理。在社区体育管理过程中，街道机关虽然是管理的主要责任人，但它所采取的管理方式也与传统的命令式有本质的区别，街道主要以牵头、协调、全局把握、加强服务的方式来实现自己的管理意图。

（5）管理机制不同

街道管理实行的是单一的行政机制，以上下级的行政隶属关系存在为前提，以人员编制、职务权力、经费投入为保障，以行政命令为手段的一种管理机制。而在社区体育管理中，由于各社区体育成员的地位和相互之间的关系与街道体制中的地位和关系有很大的不同，除了作为管理主体的街道机构对其属下的企事业单位和向居委会下派的专职干部和社区体育工作者利用行政机制进行管理外，还可利用社区体育的约束要素和社会心理要素，用法律机制社团机制和伦理道德机制来进行管理。对提供有偿服务的单位如物业公司等，实行市场机制进行管理。因此，社区体育管理机制是包含多种机制在内的综合性的管理机制，它有别于只有单一行政机制的街道管理机制。

（6）管理内容不同

街道管理的内容主要是上级单位交派的任务，其范围非常有限，内容常常随上级部门工作重心的转移而变动。

社区体育管理，只要是社区居民需要的和能够满足社区居民需要的各种体育活动，都是社区体育所管理的内容，主要包括社区体育活动管理、社区体育组织管理社区体育设施管理等。

三、社区体育管理的具体内容

社区体育管理的内容总的来讲是"四性"工作，即地区性、社会性、群众性、公益性事务。就社区体育管理的具体内容而言，其主要包括以下几个方面。

（一）社区体育组织管理

开展社区体育，需要建立一套较为完整的组织体系。在组织机构上，应建立市区人民政府有关部门、街道办事处、居民委员会和体育活动站4个层次的社区体育组织管理机构，由区政府牵头，以街道为主体，居委会为依托，活动站为基地，形成社区体育组织管理体系。建立这4个层次的社区体育组织和管理机构，才能充分发挥"条条"与"块块"两方面的积极性，形成"条块结合，以块为主"

的社区体育管理体系，为我国城市群众体育的普遍化、生活化提供组织保证。

内容包括健全社区体育的各类组织机构，明确工作目标和工作职责。社区体育的组织管理体系确立后，要根据社区的实际情况，制订社区体育的工作计划。制订社区体育的工作计划要进行广泛而深入的调查，全面了解社区体育的现状、需求、资源及影响社区体育发展的宏观环境因素，并对这些因素的未来发展进行预测，从而明确社区体育的发展目标以及为实现这些目标而采取的对策和措施。社区体育工作计划要与社区服务总体规划，市、区体育发展规划相一致，要切合实际，注重可行性和科学性。

（二）社区体育服务管理

其主要职能是了解并根据社区体育居民的需求，设立、健全社区体育服务网络，完善社区体育服务体系，广泛开展社区体育服务，并对服务质量进行监督、保证，以提高社区居民对社区体育的满意度，提高居民的生活质量。社区体育服务具有公益性、群众性、互助性、地域性四大特点。

公益性是不以营利为目的，而以社会效益为主，以满足社区居民的生活服务需求为目标；群众性是群众的事情让群众自己去办，以自我服务的方式来进行；互助性是提倡"人人为我，我为人人"的精神风尚，发动社区成员广泛参与到社区体育中去，以互相帮助的方式来开展社区体育服务活动；地域性是社区体育服务的对象稳定，并有一定的区域范围的限制。

社区体育服务的主要内容有：第一，提供便民利民的体育服务。第二，社区体育服务组织和社区体育单位、团体组织的双向服务。这样既可以充分利用社区单位和团体组织内的体育服务资源，实现资源共享。也可以分担社区单位和团体组织的服务压力，推进这些单位、组织的服务社会化进程。第三，社会福利服务，主要是为社区中的弱势群体，如老年人、残疾人、孤儿、下待岗人员、生活有困难的低收入人群等，提供体育服务。

（三）社区体育文化管理

这里的文化概念是指包括文化、娱乐、群众性文体活动及全民健身活动等内容在内的大文化概念。社区体育文化管理的具体内容是对文化娱乐设施进行规划和建设，组织健全各类文体活动组织，帮助和指导这些组织开展社区体育文化娱乐活动、群众性文体活动，引导社区居民进行全民健身活动。

文化、教育活动能满足社区居民的不同需求，有针对性地开展这方面活动，能使广大社区居民增长知识，开阔眼界，提高兴趣，参与体育活动的热情和积极性进一步提高，推动广大社区居民学健身知识和技术活动，提高广大社区居民的身体素质。而丰富多彩的社区体育文化活动的开展，能不断地满足广大社区居民日益增长的精神生活需求。随着居民生活条件的改善和生活水平的提高，人们对健康越来越重视，健身活动的参与面也越来越广。因此，不仅要加强小区健身苑等体育活动中心及各种体育锻炼设施的建设，还要加强对设施的管理，强化设施的养护和维修，提高设备完好率和利用率，加强对锻炼者进行设施使用方法的指导，防止各种意外的发生，真正达到提高社区居民身体素质的目的。

（四）开发社区体育资源

社区体育的资源主要包括人力、财力和物力。社区体育人力资源开发是指社区体育管理机构应培养一批经过专门教育和培训，有一定组织能力和业务技术水平，热心为群众服务的社会体育指导员和社区体育骨干队伍。目前，我国社会体育指导员达 27 万多人，但城市社区体育的管理人员中兼职人员多，专职人员少。由于大部分管理者身兼多职，工作内容杂，很难在社区体育指导工作上投入很多精力。社区体育工作者中多数未受过专业培训，业务水平有限，这种状况很难使社区体育工作适应体育发展和社区体育建设的需要。因此，培养一支高质量的社区体育管理人才队伍，是加强社区体育管理的当务之急。资金是开展社区体育的物质保证。社区体育的资金，除了政府的支持以外，社区体育的组织还应采取各种形式，拓展资金筹集的途径，如辖区单位集资赞助、缴纳会费或比赛报名费等。广泛动员社区各方面力量，解决社区体育的资金问题；体育场地设施是开展社区体育的重要条件。社区体育组织应与市、区体育部门有关单位进行协调，充分利用辖区内的体育场馆设施，以保证群众进行体育锻炼和大型体育活动的开展。以市、区、街文化宫、文化站为阵地，开展小型多样的体育活动，在公园、街心空地、绿化地带等开辟相对固定的体育活动站和辅导站。社区体育组织应有计划地建设社区的各种体育场地设施，如建立各种体育活动中心辅导站等。同时，要使用和管理好社区体育场地设施，使其发挥最大效能。

（五）组织社区体育活动

社区体育活动主要包括体育活动站组织的锻炼活动和经常性的竞赛两个部分。社区体育竞赛的组织与其他竞赛相比，并无很大的区别。因此，社区体育活动的组织工作主要是加强体育活动站的管理。体育活动站是开展社区体育活动的主要阵地，与社区居民日常参加体育活动有密切关系。目前我国的社区体育活动站大部分属于自发产生的非正式组织，规模较小，便于参与，是组织和吸引社区居民参加体育活动的有效形式。但是由于自身性质、特点，体育活动站也存在一些问题，如活动缺乏科学性、组织不稳定、多数体育活动站缺乏长期的目标和计划性而处于自生自灭的状态；体育活动站缺乏交流，活动容易在低层次上重复，不易持久发展；各自为战，缺乏统一规划，易出现在场地设施使用等方面的矛盾；等等。因此，需要进一步加强管理，将其纳入到正式的社区体育组织体系中，以取得上级组织的指导帮助和支持，同时做好体育活动站中骨干分子的培训与管理，促使体育活动站健康发展。

（六）逐步实现社区体育管理规范化

社区体育管理规范化，就是指社区体育管理要按照一定的规划、方式、程序来运作。具体来说，就是使社区体育管理向制度化方向健康发展。为此，社区体育的活动性组织要制定活动规则和经营规则；街道体育协会、居委会体育组织要制定对活动性组织进行管理的规则；市、区政府除了制定各种管理基层体育组织的规则以外，还要确保自身行为也有章可循。

四、社区体育管理的基本要求

社区体育自身的性质决定了社区体育管理必须遵循一定的原则和要求，明确这些原则和要求对于我们正确地把握与推动社区体育管理具有重要的意义。为了保证社区体育健康发展，社区体育管理应遵循以下基本要求。

（一）立足居民体育需要，一切从实际出发

社区体育的目的是满足社区成员的体育需要。因此，社区体育要以居民的体育需要为依据，要同本社区的经济与发展水平相适应。由于经济条件、文化层次、地域环境年龄结构、职业特点、人口素质等方面的不同，群众的体育需要在不同

的社区中具有不同的特点。因此，开展社区体育一定要因地制宜，从本社区特点出发。应当优先开展那些群众喜闻乐见、要求迫切、方便适用的活动内容和形式，量力而行、循序渐进、由易到难、由小到大，在普及的基础上逐步决定社区体育活动的内容，提高活动的质量，从而满足不同居民的需要。

（二）坚持把社会效益放在首位

社区体育作为社区服务的内容，具有公益性与福利性。强调取之于民，提倡义务服务与低偿服务。因此，开展社区体育必须以大多数居民参与体育为出发点，防止为了片面追求经济效益而牺牲社会效益，始终坚持把社会效益放在第一位。

（三）以社会办为主

社区体育是一种群众性的互助活动，必须动员社会各界和居民群众的广泛参与，走社区体育社会办的道路，而不应仅靠政府行为来管理。社区体育资金的筹集也要以社会集资为主，政府资助为辅。只有真正调动起社区各方面的力量，辖区的企事业单位和社区居民广泛参与，社区体育才能日趋完善。

（四）注重科学性、实效性

开展社区体育直接为提高人民群众的健康水平服务，必须坚持科学、实效的原则，加强体育知识与健康知识的宣传，积极组织并科学指导群众参加有益健康的体育活动，切实达到增强群众体质，提高群众健康水平的效果。切不可搞形式主义，只有注重管理实效，社区体育才有生命力，才能够持久深入地开展下去。

（五）硬件建设与软件建设并重

要卓有成效地开展社区体育，一定的场地设施是不可缺少的基础，它在一定程度上反映了社区体育发展的规模和水平。因此，城市规划建设部门，要按照国家有关规定，将社区公共体育设施建设纳入城市总体规划和实际建设中，合理布局，统一安排，做好社区体育场地设施建设。同时还要鼓励学校体育设施对社区居民开放，开展有偿服务，以解决社区体育场地设施不足的问题。在进行硬件建设的同时，决不能忽视社区体育的软件建设，社区体育若无一支热心社区体育事务、懂业务、善于管理的专业队伍，就很难提高社区体育的水平，实现持久发展。因此，应重视社区体育管理人才的培养，做到硬件建设和软件建设同步发展。

五、社区体育管理的职能

（一）计划职能

计划职能是指管理者确定未来社区体育工作目标与计划的活动过程，是社区体育管理中的重要职能。

（1）确定目标：社区体育管理目标必须服从整个体育管理的目标，应建立在调查研究、科研预测和科学论证的基础之上。目标的内容一般包括经常参加体育活动的人数及其增长措施；用于社区体育的经费数量；开展社区体育活动的场地设施数量；体育骨干的培养与发展；人们体质发展水平；等等。要求具体明确，既鼓舞人心，又切实可行。

（2）制订工作计划：工作计划是目标的表达方式，是为实现目标所进行的具体设计和筹划。社区体育工作计划的主要内容一般包括指导思想，即根据党和政府的中心工作、体育的方针政策，提出社区体育工作重点和争取达到的总目标；目的要求是根据指导思想和总目标，提出具体的要求；计划任务安排如经验交流的安排、检查评比工作的安排以及各项任务的安排；具体措施如经费和物质保证等，是在预测和决策基础上，通过对各种决策反复分析和论证而提出的具体计划方案，力求从实际出发，行之有效。

（二）组织职能

组织职能是指管理者落实计划、组织协调管理对象，逐步实现目标的活动过程。具体包括建立健全体育组织、合理安排工作人员展开工作。

（三）控制职能

控制职能是指根据目标计划要求衡量计划完成情况，并以此为据调节管理对象的行为，以确保目标实现的活动过程。即运用反馈调控的过程，其基本操作过程是：建立标准—衡量实际成效—反馈调控纠正偏差—实现目标。

第二节 城市社区体育管理的原则和方法

一、城市社区体育管理的主要原则

根据社区体育的基本特点，表现在管理上应以宏观控制与具体协调相结合，坚持"四个为主"，即以指导性计划为主、宣传教育为主、分散灵活为主和协调引导为主。其基本原则是：

（1）社会化原则。是指要充分动员和团结各部门、各行业、各单位、各社会团体共同抓好社区体育工作。

（2）激发性原则。是指要广泛运用各种手段与形式，激发人们自觉积极投入体育锻炼的动机热情兴趣与行为。

（3）可行性原则。是指开展社区体育实践的目标计划、内容、形式等均要从本社区实际出发，做到切实可行。

（4）趣味性原则。是指为满足人们获得乐趣的心理需要，在活动内容、形式、手段方法上力求多样化、趣味化。

二、社区体育管理的主要方法

（1）体育锻炼小组，由兴趣、爱好、条件要求相同的人自觉组成。如长跑小组、太极拳小组、体育医疗活动小组等。

（2）运动队由具有某项运动特长和爱好的人自觉组成。

（3）健身活动点由有共同锻炼要求的人自觉组成并约定地点。

（4）体育技术辅导站（中心）。如健美操辅导站、交谊舞辅导站、太极拳辅导中心等。

（5）文体活动室（站、中心）是一种集文化与体育于一身的组织形式。如村文体活动室、乡文体活动站等。

（6）体育俱乐部。如健身俱乐部、健美俱乐部、游泳俱乐部等。

（7）体育协会。如钓鱼协会、老年人体协、火车头体协、科文集团体协、街道体协等。

（8）老年人之家、青年之家。是老年人和青年人文化、娱乐、休闲、健身、健美的体育组织形式。

（9）文化宫（馆）的体育活动室以及体育场馆中为社区体育提供服务的专（兼）职场地等。

三、城市社区体育管理手段

（一）行政手段

是指运用体育管理中的行政方法，依靠行政组织，运用行政职权，按照行政系统指挥职权范围内的管理对象的一种方法。其基本形式有命令、决议、规定、指示等。主要特点是上级发布指令，下级贯彻执行，具有权威性、强制性、针对性和高效性。增强其运用的效果关键在于有一个严密的行政组织系统和不断提高管理人员的素质与领导水平。

（二）法制手段

是指运用各种法律、法规来规范与调节行政管理活动中各种行为和关系的方法。其基本依据是《体育法》《全民健身计划纲要》《关于进一步加强和改进新时期体育工作的意见》以及地方关于体育方面的管理制度、条例等。增强其运用的效果主要在于加强体育立法和增强人们法制观念。

（三）经济手段

是指运用经济手段，利用物质利益的得失后果来规范和调整各种行为和关系。一般经济手段有拨款赞助、奖金、罚款等，增强其运用效果主要在于处理好社会效益与经济效益的关系，确立商品经济观念和加强体育经济立法，完善行政管理制度。

（四）宣传教育手段

是指利用各种宣传媒介和手段，树立或转变人的观念，调动人的自觉性、积极性和创造性的方法。此法运用十分广泛，对于激发人们参与体育、关心体育发展并积极投入体育管理，提高人们的体育文化素养，增强体育意识、健康意识、健身意识等都具有非常积极的作用。增强其运用效果主要在于要有一支得力的政工干部队伍和良好的集体心理气氛以及宣传教育内容的真理性。

（五）咨询顾问手段

是指管理者向被管理者就共同关心的问题进行商量咨询和征求意见的方法。其主要形式包括向个人咨询和向专家集体咨询。对于决定大政方针，促进管理者的决策迅速落实，具有不可低估的作用。此法运用的效果一般与管理者的民主意识和被管理者的参与意识密切相关。

四、社区体育管理骨干的培养

（一）社区体育骨干的基本职责与素质

社会稳定，经济发展，人们生活越来越好，积极投入体育实践，追求"健、美、乐"的人越来越多。为适应形势发展，建立健全各社区体育骨干和积极分子队伍的任务也越来越突出。根据社区体育的特点与目标，社区体育骨干的职责与素质要求是：

（1）懂得并熟悉有关体育政策方针及目标任务，掌握运用体育宣传普及的方式方法及媒介手段。宣传普及社区体育方针政策和社区体育的目标任务，动员人们积极参与体育实践。

（2）具备传授健身健美、娱乐的知识与方法手段，以及保健、养生方面的知识、能力与特长，至少要有其中某一方面的知识与特长。

（3）懂得有关活动的组织方法、形式与要求，指导基层开展各种体育活动。

（4）具有良好的身体技能、无私奉献的精神，以其模范行为积极参与并服务于社区的体育活动。

（二）社区体育骨干的培养途径

一般说来，社区体育骨干都有其自身的职业与生活，他们的服务是一种业余性的服务。基本培养途径一是创造条件培养；二是提倡自修。具体办法有：举办短期管理班、技能培训班；请专家学者指导；在使用中提高；鼓励业余进修等。

五、社区体育组织管理的基本措施

以地缘关系自发、自愿集结而成的社区体育组织，分别是街道体育组织、居委会体育组织和小区体育团体。如何发挥这三级组织的作用，进一步规范社区体育组织制度、丰富社区的体育文化、增强居民的身体健康水平、社区体育组织管理应注意以下几点。

（一）处理好社区体育组织与行政机构的关系

目前我国社区体育组织以独立的民间性和半官半民性组织类型为主体，这类组织普遍存在着活动经费、场地、指导力量不足等方面的困难。因此，社区体育组织必须重视与当地政府行政机构的关系，依靠行政机构的支持及优惠政策，解决开展活动中遇到的自身难以解决的问题。可采用靠政府行政机构支持，聘请政府部门领导干部担任职务，与政府行政机构建立经常、稳定性联系等方式，形成与行政机构的良好关系。

（二）充分发挥驻区企、事业单位的作用

每一个社区都有驻区的企、事业单位，他们在资金、设施和人力方面较社区更为雄厚，这是开展社区体育活动可借助的有利条件。社区体育组织应主动与驻区企事业单位联系，做好宣传，得到他们的认同理解和支持；吸纳企、事业职工参加社区体育活动；在活动中为企业进行广告宣传。

（三）增强居委会一级社区体育组织建设

居委会这一层次辖区范围较小，人口数量相对较少，与社区居民联系最直接，所以是最适合于开展社区体育活动的一级组织。而目前我国社区体育组织以街道为基本层次的情况较为普遍，使得社区体育组织管理"力矩"较长，力度不够。改变这种局面，需将社区体育组织适当"下沉"，加强居委会一级社区体育组织的建设，充分利用居委会熟悉情况联系直接、易于组织的优势，组织开展群众性体育活动。

（四）通过多种途径筹集社区体育活动经费

组织开展社区体育的主要困难之一是活动经费不足，解决这一难题的思路是拓宽经费来源渠道。首先要增强自身造血功能，通过合法经营活动、有偿体育服务等手段获得活动经费；其次可通过互利性活动，获得社区有关企、事业单位的赞助。此外，还可动员鼓励社区成员赞助，支持社区体育活动，同时积极争取政

府行政部门给予一定的经费支持。

（五）以多种形式开展社区体育活动

社区体育组织可通过晨、晚锻炼点、辅导站来吸引居民参加体育活动。以楼群、家庭为单位组织社区体育竞赛；组成多种多样的运动队，参加社会上各种形式的比赛和表演活动。社区体育活动的内容和项目的选择要突出趣味性、健身性、休闲性和社交性。

（六）建立社区体育工作的奖励机制和约束机制

社区体育工作的义务性很强，为了调动社区体育工作者的积极性，必须建立相应的奖励制度。同时要将社区体育工作列入街道居委会的发展规划及其工作职责，通过建立社区体育管理的约束机制，保证和促进管理者为社区体育发展进行有效服务。

第三节　城市社区体育管理的发展与创新

一、城市社区体育管理观念的发展与创新

社区体育管理观念的发展与创新是时代的需要，是社区体育管理发展的需要。要使社区体育管理符合知识经济时代下社区体育发展的需要，必须从以下几个方面着手。

（一）从静态管理向动态管理观念转变

由于知识经济的发展、信息传递速度的加快、网络技术的广泛运用，政府收集信息的途径拓宽，沟通渠道变得更加畅通。随着社区体育的建设和发展，社区体育方面的工作越来越多，作为社区政府必须改变过去那种传统的"上传下达"的单向沟通模式，强化政府的核心作用，提高政府的办事效率。在社区体育管理中必须深入基层，进行广泛、科学的调查，及时发现问题，解决问题，贯彻党和政府对社区体育的指导方针、政策。

原来静态、被动地坐在办公室里研究对策、进行政策运行的社区体育管理方

式难以适应时代发展的需要。必须根据社区体育的客观实际环境的变化，调整管理的政策，改变政策运行手段，制定不同的评估标准，使社区体育管理的运行适应社区整体环境的变化，转变社区体育管理职能。

（二）从单一管理向系统管理观念转变

传统单一管理包括单一的主体参与管理和单一的管理方式。随着经济的发展、社会的进步、人民生活水平的大大提高，社区体育利益主体日益多元化，社区体育的事务日益复杂化。单一的管理观念难以适应时代的需要。因而现代的管理必须从系统的观念出发进行社区体育管理的发展与创新。

政府作为社区体育管理的核心主体，在社区体育事务管理中必须发挥主导作用，但也要简政放权。在社区体育建设中，要考虑社区体育的主体多元化，充分发挥社区体育各种主体的优势，协调好社会团体、志愿者服务组织、企业、物业管理公司、居民委员会、业主委员会等社区体育主体之间的关系，系统地去挖掘各种主体的整体合力作用，让它们共同参与社区体育事务的管理，提高社区体育的建设水平。

由于社区体育的范畴超过了以前街道的范围，社区体育建设的内容大大拓展，仅仅依靠单一行政管理手段的运作方式已无法满足现实中社区体育发展的需要，单一性管理手段在很多方面难以奏效。经济手段、法律手段、社会手段、情感教育手段等多种手段必须协调地发展和运用，成为社区体育综合管理系统的重要手段。社区体育管理中单一的管理主体、单一的管理手段必将被多种主体及系统手段所代替。

（三）从命令管理到服务管理观念转变

现代社区体育管理主要目的是为社区体育建设创造一个良好的社会环境培育社区体育内各种利益主体、社区体育的共同意识，引导和教育社区广大居民积极参与社区体育的事务，减轻政府的负担，这个观念的转变更有利于政府为社区体育的建设提供更多的"服务产品"。

（四）从集中管理向民主管理观念转变

集中的管理注重的是政府的权威，强调权力要集中、统一运行，过度集权不符合行政现代化建设发展趋势。因而在社区体育管理中必须要适当地分权，让广大的社区居民、企业、社会团体等社区体育主体参与到社区体育事务中来，形成社区体育事务由社区体育内各种主体共同建设的良好局面。

运用法律法规的形式确定社区体育主体在社区体育事务中的地位，赋予不同的主体以不同的权利和不同的义务。同时还可以运用法律、法规形式确定社区体育各种主体参与社区体育事务的程序，保障社区体育主体的权利、义务得以实现，是拓展社区体育主体参与社区事务的主渠道。

社区政府功能也要转变，发挥街道的组织功能，开发单位法人的资源支持功能，提高社会团体的中介服务功能，调动社区居民的自我参与功能。将社区体育内各种主体的功能综合起来，各尽所能，为共同创建文明的、现代化的社区体育而服务。

（五）从物本管理向人本管理观念转变

传统的管理理念是把物作为管理的目标，把人变成了物的从属。而知识经济以知识的生产、配置为基础，把经济的增长依托于知识的积累、传递、应用与创新。人是知识的创造者、享用者，亦相应作为财富之源（人力资源）。知识经济、人才经济则更直接地表现了人在这种新的财富创造体系中的主体性。因而在社区体育管理中也要顺应时代发展的趋势，转变观念，注重人本管理，体现"以人为本"的理念，确保社区居民的主体地位，使社区中的居民成为社区体育建设的主体，调动广大社区的居民参与社区体育事务的积极性和主动性。这是社区体育管理工作的首要目标，也是衡量社区体育管理工作得失的最基本标准。

作为社区体育管理者要充分认识到"人本"管理的重要性，把社区体育人力资源开发作为社区体育管理工作的重点。努力创造各种条件，拓宽居民参与社区体育事务的渠道，保证社区体育居民与社区体育管理者的沟通渠道畅通，团结广大社区居民共同参与社区体育建设。

二、城市社区体育管理体制的发展与创新

随着计划经济向市场经济的逐渐过渡，我国城市的社会生活和管理体制正在发生整体的深刻变革，"小政府，大社会"的格局正在形成。这就带动了由"单

位制"向"社区制"、"国家制"向"社会制"等一系列制度创新，从而推动了我国城市社会的变迁进程。

对于城市社区体育建设发展而言，1949年以来，在开展城市体育方面，已经取得大量的经验，但这些经验主要针对计划经济条件下的体育形态。如何建立新时期我国城市体育管理体制，指导社区体育健康顺利的发展，发挥它在城市体育中的重要作用，传统的街道式管理体制已不能适应新形势的需要，管理体制存在的缺陷已经明显表现出来，管理体制的创新已经成为社区体育在城市发展中亟待解决的问题。

（一）社区体育管理体制的创新是城市社会变迁的本质需要

中华人民共和国成立以后相当长一段时间内，我国城市居民以单位为其社会空间的组织基础，单位是控制和调整整个社会结构的中枢神经系统。在单位体制下，国家、单位和个人之间存在着自上而下的单向直线式关系网，单位成为居民一切活动的中心，也是唯一可以选择的互动社区系列。单位制度下城市居民的社会空间形态，一是具有高度的依附性；二是具有身份的先赋性；三是自身价值的弱化。随着市场经济体制的建立，传统的单位制正在发生深刻的结构性分化，单位及其成员的利益日益与市场挂钩，单位的各种社会职能被日益剥离出来，复归于社会，社区正逐渐取代单位的角色，成为居民重要的社会空间。我国城市正在实现由单位体制向社区体制、单位化向社区化的转变，提出了城市基层管理体制改革的迫切要求。

（1）社区体育是城市居民进行社会整合的有利因素。随着市场经济的发展，城市居民正在从"单位人"转化为"社会人"，城市居民的经济、社会与文化生活越来越多地与他所在的社区产生紧密的联系，从而使社区开始成为对城市居民进行社会整合的重要组织。其中，社区体育是对城市居民整合的积极因素，对促进人与人之间的和谐关系、文化的交流、信息的传递等具有重要作用。

（2）城市人口的结构变化，客观上要求社区体育发展全方位的管理功能。目前城市人口结构出现四个明显的变化：①中国已步入老龄社会，老年人口比例显著上升；②体制外人员增多，主要是自由职业者、个体户、私营企业主；③下岗、失业人员增多，而且在短时期内很难完全消失；④外来流动人口增多，他们在为城市经济繁荣作出积极贡献的同时，也给城市的环境整洁、治安秩序、人口管理、就业安置等带来新的压力。上述四方面的社会群体，在从其原有的社会归属体分化出来以后，正在寻找一种有效的被社会接纳的方式。社区对本区域内的管理（包括社区体育管理）显示了越来越突出的优越性和必要性。

（3）城市居民居住空间的变化，城市家庭结构功能的变迁，对社区体育服务功能和管理功能提出了更高的要求。随着城市基础设施的不断完善和旧城不断改造，出现了越来越多的成片居民小区，打破了城市居民原有的世代居住的胡同、小巷、弄堂的格局，代之以新型的现代化的生活空间。在城市居民居住空间变化的同时，城市家庭的结构功能也发生了较大变化，传统的四世同堂的大家庭减少，家庭原有的功能开始弱化，并逐渐转移到社区中去。社区接受由单位和家庭转移来的多项社会功能并加以系统化完美化，要求社区体育服务体系、管理体系的进一步创新和完善。

（二）当前社区体育管理体制存在的缺陷

我国社区的建设和发展一开始就是一种政府行为，在政府主导下，形成了区、街、居三级框架的社区服务网络管理体系。目前，我国城市现有的社区体育的管理体制，主要以街道社区体协为主，其他区域性体协为辅，组织结构基层化特点十分明显。街道社区体协以街道办事处为依托，以辖区单位和居（家）委会为参加单位，共同组成了街道社区体协。

无论是社区体协或是晨练点都是我国改革以后出现的新的体育形态。这些新的体育形态已经突破了过去群众体育"以条为主"的界限，具有在实质上不同于过去群众体育的本质特点，为我国群众体育在新时期的发展提供了新的生长点。一个"条块结合，以块为主"的新的群众体育管理体制正在形成。由于社区体育依托于社区管理体制的总体规划之中，我国城市社区管理体制的缺陷直接影响社区体育的发展。从实践看，这种体制暴露出许多弊端，主要表现在：

（1）目前街道社区体协是社区体育实施的关键环节，但目前街道、居委会体制不适应城市社区体育管理工作的客观需要。主要是街道、居委会建制散、服务少。建制散，主要是街道、居委会体制没有太大变化，但管理规模扩大，在城市人口增多和流动加剧的情况下，与相当多的居民失去联系。尤其新居民区的大量兴建，居民的市内流动，易导致人户分离，同时由于城市社区规划调整，农转非大量增多，开始出现街道居委会管理不到位的现象。服务少，主要是现阶段城市的社区服务已经从单纯物资扶助的福利和救助，发展到对社区居民物质和精神需要的全面服务，但目前街道、居委会还缺少集教育、生活、娱乐、保障、健身等为一体的社区服务中心和服务网点，服务手段不健全。

（2）街道体制与社区体制难以接轨。目前街道办事处作为政府的派出机构，承担着政府工作职能，"准政府"色彩浓厚，反而弱化了本应承担的社会职能。这种把社区建设混同于政权建设的做法，造成街道体制与社区体制在性质上和功能上都很难接轨。而且街道、居委会权力小，社区体育管理更是微不足道，多以群众自发性、自主性活动为主，管理的职能很难体现。

（3）正式的社区体育组织与自发性社区体育组织之间缺乏联系。现行的社区组织除了"两级政府，三级管理"模式外，还有驻街单位等。这些单位按照行政划分或行政系统，被划入不同层次的政府各主管部门的管辖范围之内。"单位制"混杂于"社区制"，社区内"诸侯割据"现象严重。而我国目前社区体育的管理主要由街道社区体协等体育组织承担，大量经常性的社区体育活动则主要由晨晚练习点等自发性社区体育组织来完成。但是，由于街道社区体协受到人力不足等主客观因素的影响，尚未与数量众多的辖区单位、自发性的社区体育组织建立起正常的联系。正式的社区体育组织与自发性社区体育组织的脱节，是目前我国社区体育管理方面亟待解决的问题。

（4）目前社区建设偏重于经济、市政等针对"物"的硬件管理，而忽视了社区体育的硬件设施投入，以及文化教育、公共道德等以"人"为中心的软件管理，造成实际工作中"一手硬、一手软"的状况。

（5）社区体育管理组织力量比较薄弱，机构设置、人员配备、经费来源、基础设施与承担的职责任务不相适应。社区体育作为群众体育管理改革主动适应经济体制改革的必然产物，作为今后城市群众体育的主战场，还未引起政府的足够重视。社区体育不仅是群众体育的组成部分，也是社区建设的重要内容，它除了具备健身的本质外，在增强社区意识、增进社区情感、加强社区整合、促进社区精神文明建设等方面的功能也没能引起人们的足够重视。因此，虽然在许多城市已经成立了以街道办事处为依托的街道社区体协，但在现有的街道办事处工作职责中并没有明确提出有关体育方面的职责，街道办事处抓体育工作没有充足的法规依据，社区体育处于可抓可不抓的地位，因而社区体育人力、物力、财力等方面的问题也难以解决。

（6）适应社区体育管理和社区体育组织职能调整的法律法规还十分缺乏。国家还没有出台统一的社区体育管理的法规或具有可操作性的指导意见。目前，对社区体育的概念和范畴的理解还没有达到统一，对社区体育的内容、社区体育的规模设置、社区体育组织机构的建立、社区体育管理权力的监督职能尚未形成共识，这些均制约了社区体育建设的顺利进行。

（三）城市社区体育管理体制创新的构想

体制创新是社区体育建设发展的关键。城市社区体育的管理模式，是要建立以居住地为特征，以居民的认同感和归属感为纽带，以提高居民的生活质量、综合素质和文明程度为目的，以社区成员的自我教育、自我服务、自我约束为手段，有党和政府的领导社会各方面参与、群众自治参与管理的区域性群众体育活动，形成共居一地、共同管理、共建文明、共求发展的社会化自治管理的运行机制。

社区体育管理体制创新要遵循正确的原则，具体地说，要做到"四个结合"：第一，政府参与行为与社会行为相结合。在社区成员参与社区体育意识比较薄弱的情况下，政府行为仍然应该在社区体育建设中占主导地位。第二，社区体育管理与社区体育服务相结合。社区体育的建设与发展，既需要服务提高，又需要管理完善。只重视管理形式而轻视社区体育服务的管理模式，无法满足社区体育制度的创新需要。第三，社区体育经营性与服务性相结合，逐渐建立以社会效益为主、兼顾经济效益的社区体育服务产业化发展新机制。第四，社区体育专业队伍服务与群众相互服务相结合。社区体育建设、管理是一项群众性很强的社会系统工程，单靠以体育设施服务为主要手段是不够的，还要有组织管理体系服务、指导服务、信息服务等，以强化社区体育的整体功能。

（1）社区体育体制创新是一项庞大的社会系统工程，需要社会各个方面协调和协作，社区体育管理体制的变革是依附在社区整体机制改革的基础上进行的。按照上述原则，坚持条块结合精神，要不断探索，分阶段、分层面地逐步推进，建立多系统、多层次的新型社区体育管理体制。依据我国现有的行政管理体制和各有关行政管理部门的关系，结合部分城市社区体育开展的实践，社区体育管理体制应分为三个层面：决策系统、组织指挥系统、操作实施系统。三个层面系统的构建，可以较好地形成一个社区体育管理的网络体系。

（2）社区体育实施操作系统是完成社区体育的基本单位，按现行社区体育管理机构的编制，街道办事处、居委会的编制是难以实现社区体育目标的。体制创新应有两个方面：①重新设置社区体育管理结构；②根据"小政府、大社会"的总体思路，在条件成熟的时候逐步撤销街道办事处（包括社区所属的社区工作站），成立非政府组织机构—社区指导处，实现由"街居制"向"社区制"转型。

（3）社区体育实施操作管理系统主要由居委会来实施。国家民政部政策研究中心召开的"城市社区组织建设论坛哈尔滨南岗会议"，总结了交流当前居委会分层的概貌，管理结构分三个层面，即社区协调议事委员会（议事层）、社区工作委员会（执行层）、社区居民委员会（服务层）。社区体育管理机构相应组成，其主要构成部分有以下几个组织：社区体育指导员培训组织、社区体育体质监测与评价组织、社区体育健康与康复咨询组织、社区体育健身与康复训练组织社区体育产业经营与开发组织。这几个组织相互联系，其基本思路为：体质测试、健康咨询、健身训练是核心，培训和开发则是核心的两翼，从人员和财力上对管理体系的运行进行保证，使管理系统进入良性循环的轨道。

（4）从社会主义计划经济到社会主义市场经济，街道办事处走过了近半个世纪的历程，过去的设置是必要的，目前在"两级政府，三级管理"的体制下，强化其管理职能也有现实意义。但从社区建设的基本理念及长远发展的角度来看，政府对社区事务直接干预和包揽不利于社区意识的培养，不利于社区资源的优化组合。居委会的调整应借鉴上海、石家庄、大连、沈阳等地的经验，合理调整居委会的规模。增强居委会的凝聚力和归属感，建立健全管理制度，必须坚持"属地管理齐抓共管、条块结合、落实基层的原则"开展社区体育工作。

（5）理顺三个层面管理系统的关系，提高社区体育整合能力。管理体制中的决策系统、组织指挥系统、操作实施系统组成的社区体育管理体系，在制度创新过程中，必须理顺上述三大系统的关系，提高社区体育的整合程度。决策系统主要来自本地区行政主管部门，会同各有关部门如体委、卫生局、教委、街道办事处等在履行执法功能同时，应承担制定社区体育的总体规划、阶段性目标、各单位协作方式、政策性保障及经费的筹措与使用等。指挥操作系统主要是群众体育的主管部门，其主要职责是执行本地区社区体育总体规划和阶段性目标，对操作系统进行组建和管理，对工作中出现的问题有效地协调解决，组织指挥系统在整个系统中运行过程中起着中枢环节的作用。实施操作系统作为实施的关键环节，通过发动社区成员参与社区体育活动，形成社区的文化合力，培养居民的归属感和认同感，其主要任务是提供社区体育服务，通过三个层面的社区体育服务，营造一个舒适、便利、优美、健康的社会环境。

（6）构造非政府、非营利性中介组织。一方面针对社区体育工作责任重，与现有的组织设置之间不配套的矛盾，积极建立各种新的载体；另一方面针对社区体育工作要求高与抓手少的矛盾，努力寻找新的工作载体。如社区体育服务志愿者协会、社区体育互助协会、社区体育科普协会等，有意识地制定一些具有可操作性的政策加以扶助，加快发展，力争将社区体育融入居民的生活之中。

（7）加强社区体育法制法规建设，加速依法管理社区体育的进程。《中华人民共和国城市居民委员会组织法》已颁布 30 多年了，现在的城市发展远非三十多年前立法时所能预料，因此，此法应尽快修订。许多城市都制定了《街道办事处工作条例》《社区管理条例》《物业管理条例》等规章制度，但有关社区体育管理方面的法规条例还十分缺乏，尽快建立社区体育管理有关法律法规，同时加大执法力度，使社区体育管理走向自律和自觉，走向法治化轨道。

社区体育管理体制的改革是城市社会变迁的本质需要，依附于社区管理体制改革基础之上，不能孤立于社区管理体制之外阐述社区体育管理体制的改革。城市社区体育自治组织建设正处在自主创新阶段，在社区成员参与社区体育意识比较薄弱的情况下，政府行为仍然应该在社区体育建设中占主导地位。我国城市社区体育还应走行政性与社区自主性相结合的混合型管理道路。

三、城市社区体育管理手段的发展与创新

（一）由直接管理手段逐步向间接管理手段过渡

社区体育管理的手段是单纯依靠行政机关行政命令去管理社区体育的事务，在管理事务的过程中仅仅发挥行政系统的主导作用。这种直接管理方式有它的优势，能集中力量统一办事，便于政府管理职能的发挥，解决社区体育的一些特殊问题。但这种管理手段随着经济的发展、居民的民主意识的增强，参与社区体育事务的要求明显增长，越来越不适应社区体育发展的需要。直接管理的手段不利

于分权、不利于发挥其他系统的作用、横向沟通困难等缺点日益显露出来。因此，这种管理方式必须进行改进、创新。

间接管理的手段主要包括法律规范手段、制度手段、经济运行手段等。在此重点阐述政府管理社区体育的法律规范手段经济运行手段。

在社区体育管理中要做到社区体育的事务依法治理，运用程序法和实体法确保社区体育管理依法行政。首先制定社区体育行政工作的程序，确定社区居民参与社区体育事务的途径和程序（可以说，我国目前社区体育方面的法律、法规很不健全）；其次运用社区体育工作实施意见等加以协调，充分发挥社区各种主体的积极性和主动性，调动它们参与社区体育管理的热情；最后运用法律、法规的手段保障社区体育的稳定持续发展，把社区内各种关系纳入法律调整的范畴，使社区体育管理工作有条不紊地进行。

在社区体育管理中要运用经济的管理手段，充分发挥市场竞争在管理中的作用，提高社区体育事务的管理效率。社区体育管理者在社区体育管理中引入竞争机制，使市场行为在社区体育管理中对资源配置起基础性作用。政府管理者加强对市场行为的规范和引导，使市场的行为为社区体育管理服务，提高社区体育的管理水平。

政府间接管理手段的实施转变了政府的职能，减轻了政府的负担，为政府能够提供更高效的社区体育服务奠定了基础。

（二）管理手段的信息化、网络化

随着世界经济的全球化、信息的一体化以及信息技术广泛地推广和应用，管理手段信息化、网络化成为一种发展趋势，信息化、网络化管理渗透到社区管理的各个环节。社区中网络工程的启动，为社区体育管理手段的信息化提供了前提，使社区体育管理手段的知识技术含量越来越高，知识管理手段成为社区体育管理的一种新手段。把社区内的各种信息与体育活动、信息育人结合起来，使社区内的各种沟通渠道连在网络里，各种信息资源能实现共享，社区体育管理者获得信息的渠道大大拓宽，各种信息量的增大使社区体育管理者的决策更趋于科学化、合理化，这样有利于社区体育管理者更好地为社区体育建设服务。

（三）管理手段多样化

管理手段多样化是社区体育管理手段发展的一种趋势。由于社区体育事务随着社会的发展变得越来越复杂，单一的行政管理手段很难适应社区体育发展的需要，在进行社区体育管理时，必须吸收社会团体及组织自治性管理手段和企业单位市场行为的管理手段的长处和优势，弥补单一行政手段的不足。

在社区体育管理中，基础体育设施建设仍要加强规划，加强引导，让社区中体育主体参与硬件建设和管理。社区体育管理中有很多的事务是政府无法管理好的，这就必须依靠自治性团体、组织去管理社区居民自己的事务。居民委员会的建立，满足居民行使自我教育、自我管理、自我服务的民主权利，使政府的负担大大减轻。

四、城市社区体育管理内容的发展与创新

城市社区体育无论是从其本质还是从其发展来看，走向自治应该成为城市社区体育管理内容的基本方向。尽管政府管理的作用在任何现代国家的社会管理中不可或缺，我们目前提倡的"小政府、大社会"也并不意味着政府放弃社会管理的责任。但是，城市社区体育最终的目的还是要实现它的自治，即由城市社区居民自己管理自己的社区体育事务。当然，实现城市社区体育自治，不可能一步到位，它有一个循序渐进的过程。具体来说，这一目标的基本内容包括以下方面。

（一）明晰社区体育组织的作用

在纵向上要突破街道行政区的限制，合理进行分权和放权。由于历史的原因，我国大多数学者将社区体育的范围等同于街道行政区，这样使社区体育发展被简单地演绎为加强街道办事处的组织作用和职能。我们认为，今后应该将社区体育视为更广泛意义上的由社区体育组织进行联络和整合的民间社会，应将街道行政区与社区体育区分开来，将行政管理事务与社会管理事务区分开来。这就要转变社区体育管理方式，要政府合理进行分权和放权，即上级政府向下级政府分权，各职能部门向社会放权。这样，不仅社区体育内的街道办事处和各类职能部门具有更确实的管辖权，还赋予了社区体育社会组织更多的权利与影响力，使行政力量与社会力量平衡发展。

（二）发展社区体育组织要素的社会性功能

即加强社区体育组织在横向方向的发展。根据我国国情，社区体育组织的重建包括以下组织的培育：（1）社区协调议事委员会。这类组织的功能在于调动社区体育内的各种社会资源，统一规划社区体育发展与社区体育服务的方向、内容、资金和行动，协调其他各组织的关系，做出决议并监督规划实施情况。（2）社区工作委员会组织。如社区体育事务评议会、社区体育事务咨询协调委员会等，对社区体育起舆论监督和咨询服务作用。（3）有偿服务型组织，包括健身指导员培养组织、体质监测与评价组织、健康与康复咨询组织、健康与康复训练组织等。它们主要是承担政府转移出来的职能，发挥服务与中介作用，不能等同于经营型组织。（4）健身产业经营与开发组织。这类组织主要是为了增强社区体育的经济整体功能和提高社会效益。以上这些组织可由社区体育决策型组织统一协调管理，其他各组织各司其职，各负其责，同时发挥团队合作的优势。

（三）健全社区体育组织管理法律制度

（1）以法律形式确立社区体育管理委员会等决策组织的法人地位，赋予其相应的权利和义务。（2）通过法规和规章，赋予社区体育各类执行机构以定的权力。使相应的职能机构能行使管理、检查、监督、处罚等权力，再也不能出现过去居委会那种"看得见，摸得着，管不了"的状况。（3）对社区内各类体育组织建制，明晰各组织相互之间的职权范围，特别是要建立对各组织机构工作的内外监督制度，使社区体育组织一方面开展工作具有制度保障，另一方面也受到合理的限制与约束。因此，在出台全国性的法律之前，可以先根据各地的特点和发展情况制定一些地方性法规。

（四）提升社区居民的民主参与意识

社区体育发展的目标是人的参与与发展。公众参与意味着社区居民对社区体育责任的分担和成果的共享。要使社区体育工作从政府管理变为广大居民的自我参与和管理，并最终形成社区体育自治的管理模式，必须切实提高社区居民的民主参与意识和自治意识。要做到这一点，就必须积极拓宽居民参与的渠道和途径，如通过"业主管理委员会""社区体育事务咨询委员会"等机构，让居民表达自己对社区体育建设的要求和建议，加强对政府政策的支持与合作。通过社区体育的娱乐设施与文化活动来丰富居民的精神生活，陶冶居民的情操，增进居民之间的交往，提高居民的素质。还可以通过建立社区体育服务志愿者队伍，加大社区体育人力资源开发的力度，提升居民的公益精神和奉献精神。

（五）硬件与软件齐手抓

硬件在社区内主要是指体育场地、设施建设，包括满足社区居民生活需要的体育基础性设施，如健身路径、环境绿化、健身器械、文化娱乐设施等。比如，全国城市体育先进社区标准规定："社区要具有一处使用面积达到100平方米以上或二处使用面积累积达到150平方米以上，具有指导、示范、培训等多功能的社区体育活动室，并配备一定数量的体育器材。旧城区的街道利用空地（数量不限）、指定的体育活动场地总面积不少于500平方米；新城区或城郊结合区的街道必须有一处500平方米或两处相加700平方米以上的活动场地。以上体育设施应有管理人员和管理制度。社区内的公园、闲置空地和楼群间要有布局合理的简易体育健身设施；每个居委会有1个以上固定的晨、晚练指导站（点）。"

软件的管理是一种"人本主义"的管理。软件的建设是硬件的一种提升，软件建设是人们在改造客观世界的过程中进行的主观世界的改造，包括体育思想、体育道德建设、文化建设等，软件是一个社区文明程度的主要标志。全国城市体育先进社区标准规定："社区要具有组织领导机构，领导班子重视体育工作，将体育工作列入工作计划，作为社区精神文明建设的重要内容摆上议事日程，既有长远规划，又有阶段性发展指标；具有实施《全民健身计划纲要》的具体方案措施；每年专题研究社区体育工作2次以上（体育队伍建设、体育场地开放、体育经费筹措、成年人体质测定、评比表彰等），并能解决实际问题。每年召开1次辖区内各单位参加的体育工作会议，布置、安排、总结体育工作；有1名领导分管体育工作。同时健全体育管理机构、建立社区体育组织、发挥社区单位的积极性等。"

第四章　城市社区公共体育服务

本章内容为城市社区公共体育服务，主要从四个方面进行了介绍，分别为城市公共体育服务的概述、城市社区公共体育服务的基本特征、城市社区公共体育服务的构成要素、城市社区公共体育服务建设与创新。

第一节　城市公共体育服务的概述

一、公共体育服务的概念

为满足公民的公共体育需要，公共体育组织提供的公共或混合物品包括公民最需要也是最基本的公共体育物品，还包括高层次、高成本的公共体育物品。然而，按照《国家基本公共服务体系"十二五"规划》的基本理念，公共体育服务的范围应该只包括公民最现实、最需要、最直接、最关心的公共服务诉求，也就是给公民提供优质的、基本的公共体育服务以及基本的公共体育场所，而不包含高消费、高成本、高层次的体育需求。所以，这里所提出的公共体育服务的概念只是包含以政府部门为主、目的是满足公民基本体育需求、提供给全体公民的公共体育产品与服务。

这个概念包含两方面：第一，政府部门是公共体育服务的提供主体，但是需要其他组织提供和补充必要的营利性体育服务形式；第二，公民最直接、最现实和最基本的公共服务的需求以及公共体育服务的基本标准不是固化的，而是会跟着社会发展和生活水平的增长而提高和变化。

二、城市公共体育服务作用

（一）公共体育服务与经济社会发展阶段相适应

"公共服务"这个概念的形成和发展是一个历史进程，它是无时无刻不在发展的，公共服务范围没有永远不变的，它在不同的国家和不同的发展时期具有不同的形态和含义，也必然有相应的时空特征和经济发展历史背景。为适应社会经济发展的需要，西方发达国家的公共服务经历了从无到有、从少到多的漫长变化，我国公共服务的发展亦应遵循这一规律。现在，我国已全面建成了小康社会，所以社会的公共需求也正在全面快速地增长，需求的变化主要表现为速度、结构及人群的变化。

从公共体育方面来讲，因为城乡、民族、地区、文化和经济发展等方面的不同，我国群众的公共体育服务需求也不相同，表现出一种动态的、差异性的发展。某个国家、某个地区和某个民族特定的公共服务内容，对另一个国家、另一个地区和另一个民族来讲，可能并不算是公共服务内容，这一点在城市中表现得尤为突出，公共体育服务在内容、形式、范围和服务供给侧重点上的不同也是由这些时空的条件决定的。因此，城市公共体育服务的建设与完善也只有依托于不同的经济社会发展阶段才会具有更强的现实意义。

（二）公共体育服务客体是全体社会公众

新的公共服务理论的重点就是"为公民服务，而不是为顾客服务"，以及在为公民服务时的"公平和公正"是必须考虑的一个重要因素，使更多的人遵守自己的义务，并使政府可以关注到民众的诉求。

我国公共服务始终强调，要始终坚持以人为本，要立足于满足人民群众的需要、方便人民群众的生活、改善群众的生活质量，公共服务建设出发点和最终归宿都始终要是维护好、实现好、发展好最广大人民群众的根本利益。我国宪法规定了人人享有体育方面的法定权利。因此，全体社会公众才是公共体育服务的最终目的，要以公众的体育需求为导向。强调"全体社会公众"是公共体育服务的客体，一方面是为了体现出公众应有人人平等的公共体育服务，即要关注不同群体的利益，特别是弱势群体的利益，在城市中尤其要关注外来务工人员的利益，要把弱势群体纳入公共体育服务保障的范围之中；另一方面意在强调社会公众不仅是公共体育服务的消费者或享受者，而且是公共体育服务的决策者、监督者和评估者，正如弗里德里克森所说，民众是政府的"所有者"，"所有者"这一概念具有主动性，它可以决定政府的议程，更符合人民的地位，社会公众的行为对公共体育服务的数量、质量、公平性等方面都具有影响力。

（三）公共体育服务需运用公共权力或体育公共资源

公共部门又叫作"公共权力部门"，指的是通过公共权力向社会提供公共服务的部门，包含政府部门和准公共部门。准公共部门指的是在政府部门和营利部门之间，包含公共企业、公共事业机构和非营利性组织。政府和非营利性组织具有公共性，是一种掌握公共权力的组织。所不同的是，政府是官方，行使的是"特殊的公共权力"，而非营利性组织来自民间，行使的是普通的、原始意义上的公共权力。公共资源主要是用来生产公共服务，大部分是财政资源、自然资源、信息资源、公共人力资源。体育公共资源既包含有形的资源，如体育管理人员、社会体育指导员、体育志愿者、体育场地设施、体育经费等，还包括各种体育信息、科研、制度、政策法规等无形资源。公共资源和其他资源的最大不同就是它的设置要实现最大化的社会价值。

有国家行为介入的一种服务活动就是公共服务，我们要通过"公共权力和公共资源"，用政府花钱或由政府主导花钱的形式向社会提供公共产品和服务，并且提供方式及所使用的权力与资源的性质是判断一种服务是否属于公共服务的关键。在一个社会中，由社会公众产生对服务的总需求，而各种需求可以通过不同方式得到满足。私人服务和公共服务是一个社会总的服务的两部分，公共服务和私人服务是相对的。假使一种体育服务的开展没有通过公共权力或体育公共资源，那么就是一种纯粹的民间行为，不是公共体育服务领域而是体育的私人服务领域；倘若政府通过某种方式参与，比如特许经营、财政资金、项目委托等等，并在某种程度上落实国家的意志，这就属于公共体育服务的范畴，例如，如果营利性体育俱乐部有政府的特许或者使用了体育公共资源，那么就参与了公共体育服务的提供。

（四）公共体育服务以满足基本体育需求为导向

满足民众的公共需求就是政府存在的意义。公共需求指所有社会民众共同的需求，通常具有非排他性、非竞争性，这些特质决定了市场是难以有效满足公众的需求，只有利用公共部门特别是政府部门才能有效满足公共的需求，也即要政府及相关部门利用公共资源发展公共体育服务。然而，公共需求有同质性需求和异质性需求之分，同质性体育需求体现的是社会成员所共有的根本利益，是个体对社会的基础需求；异质性体育需求是根据社会成员的民族、性别、收入、年龄等因素而划分的不同层次的需求，比如残障人群对健身场地设施的特殊需求。同质性体育需求又是异质性体育需求建立的基础，和同质性的体育需求比起来，只有部分人拥有异质性的体育需求，所以具有多样性的特点。

异质性体育需求是难以单凭政府而满足所有人的，即使要满足异质性体育需求也要从中进行选择，特殊群体（如弱势群体）的体育需求往往具有异质性需求的特点，因此，他们的体育需求也要通过采取特殊措施的方法来满足。

公共体育服务要以社会公众的基本体育需求为导向，目的是强调在公共体育服务供给中要重视对社会公众体育需求的调查，要将社会公众的需求偏好及表达、服务满意度、服务供给决策、监督、绩效评估等的民主参与作为供给制度与机制设计的出发点和落脚点，要合理地衡量社会公众体育需求层次的差异，然后结合资源能力来界定共体育服务的内容、水平、范围及优先供给的顺序。

（五）政府承担公共体育服务的最终责任

新的公共服务理论认定政府的主要作用不是掌舵而是服务，并且认为公务员需关注的除了市场还有社区价值观、宪法法律、职业标准、公民利益和政治规范等等。新公共服务理论还十分明确地重视政府在公共服务提供中的作用。

政府因为拥有体育公共资源和公民给予的公共权力，所以需要把利用公共权力和体育公共资源让社会公众能够获得公共体育服务当作根本任务。政府虽然有责任提供公共体育服务，也必须介入其中，但并不一定需要自己直接生产和包办。这是因为公共体育服务的实现形式与途径是多种多样的，它的提供主体同样如此，不仅包括公共的行政机构，比如体育行政部门、园林规划部门，而且还有专门的公共服务机构（事业单位），比如学校、体育科研院所，甚至可以是具有公共性质的民间组织。民间的部门或者组织如私人体育俱乐部不是公共的组织，但是政府一旦有了行为的参与，比如政府利用特许经营、合同承包等途径加入了这些组织的活动，这些组织在维护其民间性质的同时也有了公共性，变为落实国家意志、提供公共体育服务的途径。在推进公共体育服务时，不论谁来提供服务，不论通过怎样的方式来提供，都必须也只能由政府来为公共体育服务负责。

三、城市公共体育服务的基本原则

公共服务的建设与完善首先要明确公共服务的基本原则，它是公共服务精神实质的体现，是决定公共服务制度、模式和方式的基本指导思想。公共服务基本原则的确定能够补充目前我国公共服务正式制度的不足，可以避免现实中公共服务的发展进入岔路，让公共服务的实践在正确的道路上发展。

（一）与经济社会相适应原则

与经济社会适应的意思是基本公共体育服务的实施水平由一个国家或地区的经济发展水平决定，影响基本公共服务均等化的一个决定性因素就是经济发展阶段，具体表现是城市公共体育服务的发展需要和经济发展水平协调发展，需要慢慢进行。西方国家公共服务的发展和改革经是发展膨胀到削减瘦身的过程，这体现了公共服务的内容、范围、规模必须要在经济条件可控的范围。如果持续地提高公共服务的支出比例，就会给国家或地区的经济增长造成一定的负面影响，并最终不能提高公共服务的水平。公共服务的完善是一个循序渐进的过程，必须根据本国的实际，建设有本国特色的公共服务模式和公共服务体系，并使之社会化和法治化。服务模式和体系的健全要逐步进行，不能揠苗助长。扩大公共服务覆盖的面积和提高公共服务的水平都要按照经济社会发展的水平而合理安排。城市公共体育服务的发展亦应坚持立足实际，按照城市经济发展的阶段和政府公共财政的承受能力科学地调整公共体育服务的含义和结构，慢慢进行。我们要使公共体育服务水平随着社会经济的发展提高，稳定地增加公共服务的内容，使涵盖面更宽，来保障服务的可持续。

这个原则还表现为城市公共体育服务要有重点地发展，要建立不同服务内容、区域（社区）和人群的优先供给顺序。所谓"服务内容要突出重点"就是要以满足社会公众基本的体育需求为重点，在体育公共资源与供给能力有限的情况下，政府应该根据居民体育需求的情况突出公共体育服务的供给，关注"民生"，优先保障社区居民的基础体育需求，尽力优化体育公共资源的配置，努力使服务的供给效率和水平得到提高。在公共体育服务空间及人群上，城市政府部门应做到市中心和郊区的统筹协调发展，并向郊区和农村侧重，在对象上关注并倾斜于特殊群体，以缩小市中心与郊区、不同收入阶层之间的差距，促进区域（社区）、人群间的均衡协调发展。

（二）公平性原则

人类社会发展过程中理性的价值追求就是社会公平，公平代表着人们在确定的评价标准下对客观事物的相对主观的感受，绝对的公平是不可能的。公平原则的基础含义是相同的情况下对待要平等，不同情况才要进行区别对待。政府干预公共服务的重要原因就是公共服务的公平性，全体公民平等地享有公共服务的权利，有相同情况的公民都应有相同的公共服务法律地位，每一个满足法定条件的公民都应有享受公共服务的相同权益，公民在享受公共服务的过程中应受到平等的对待。我国的《体育法》《全民健身条例》和《全民健身计划纲要》的出台目的都是保障公民能平等地享受公共体育服务。

正义也决定了公共服务所要追求的那种"平均、平等或相等"的状态，它不仅是达成社会正义的内在需求，同时是社会公正的重要保证，因此社会公平和正义必须来进行价值方面的一个指导。以下三个方面体现了城市公共体育服务的公平性原则。

第一，机会公平。它指的是公共体育服务所有参与者的竞争机会不会因为家庭背景、自身能力和一定环境等方面而丢失或者获得额外的，他们的起跑线都是相同的。

第二，过程公平。它也叫作"规则公平"，意思就是公共体育服务的所有参与者面对的制度或秩序都是相同的，绝对没有对某个群体有利或有害的部分；不仅要确保公共体育服务政策制定上的公平，还需确保公平地实施公共体育服务法规政策。

第三，结果公平。它指的是民众在接受公共体育服务后，所获得的结果是平等的，这种结果应当在合理的区间当中维持。

这其中最重要的是第三个，因为机会以及中间的过程都服务于最终的结果。城市体育服务的公平性原则需要均衡地配置不同区域（包括社区）、不同服务内容、不同人群和时间上的体育资源，避免因为体育公共资源的过分集中导致的不良结果。要慢慢消除不同，充分保证每个人都能享有平等的公共体育服务。

（三）政府主导原则

公共体育服务的运作由政府主导是有着必然性和合理性的。政府把握着体育地公共资源以及公民赋予它的权力，它的责任就是借助体育公共资源和权力来使公民可以享受到某种体育方面的公共服务。政府必须介入公共的体育服务，也就是必须主导公共服务运动的整体运作。在公共体育服务的属性方面，有一些公共体育服务则具有公共或准公共的属性，还有着垄断的隐患，这些属性和特征决定了私人部门或非营利性体育组织不能完成这个任务，同时难以全部通过市场化机制和自愿机制来确定地提供服务，有效配置的实现只有政府才能主导。所以，公共体育服务的提供者和担责者也必须是政府，它主导着社区体育服务的提供。另外，只有这样，我们才可以立足于社会全体成员体育方面的相同需求（特别需要注意弱势群体的体育健身需求），保障公共体育服务本身存在的服务性、公正性和公平性，保障维持并发展公共体育服务所需的大量公共资源。政府对公共体育服务的主导主要体现在以下几点：

（1）政府主导着公共体育服务的决策。这就要求政府在公共体育服务的供给中分开决策和执行，政府必须脱离具体的服务生产过程，当好服务政策制定者、监督者和其他供给主体服务绩效的评估者，凭借着制定科学合理的政策来合理、有效地利用体育的公共资源。

（2）政府主导着公共体育服务的法规政策制定、体育事业发展的规划和研究。政府要坚决地把握住服务提供的决策权，坚决主导公共体育服务相关法规和政策的制定。

（3）政府在公共体育服务决策方式的创新中发挥主导作用。政府要想创新服务决策方式，就必须确立社会目标优于经济目标的决策原则，并且在决策方式的创新中鼓励社会公众个体和各种体育组织通过不同的方式参与到公共体育服务的决策中来。

城市公共体育服务的提供主体和责任主体是政府，同时政府要发挥主导作用。这说明，在提供公共体育服务的过程中，一方面要强化政府提供的服务，另一方面政府也有责任保障私人部门、非营利性体育组织等主体能够充分地参与到服务提供的各个环节当中。政府要鼓励、引导各方面力量的服务参与，既要借助私人部门和社会组织的优势与能力来生产和提供某些服务，充分发挥它们的作用，形成政府主导、社会参与的供给机制，又要发挥它们在服务决策、服务绩效评估、服务监督等方面的作用，以形成公共体育服务的共同治理结构，实现服务中政府与私人部门、非营利性体育组织等的良性互动。

（四）以人为本原则

新的公共服务理论的重点在于人，体现了"以人为本"。"以人为本"重视的是最广大人民群众的根本利益。公共服务是政府重要职能的其中一个，目的是满足人的需求，立足于尊重人的基本权利和维护公众的共同利益。以往的陈旧公共服务通常用行政的计划取代公众意愿，用精英设计取代公众的参与，工作的重心也不在公众的需求和偏好上。公共体育服务是公共服务的核心构成部分，它满足社会公众的体育需求的人本价值也应表现出来，能够展示出社会上大部分人的体育需求和偏好。"以人为本"在提供公共体育服务的过程中体现在以下几个方面：

（1）要求政府部门在提供公共体育服务时不要扮演"恩赐者"的角色，要具有服务意识，要防止在服务提供中出现不顾客观实际，急功近利，热衷于搞"形象工程""政绩工程"，要克服那些注重服务形式、场面、数量而忽视服务内容、实际效果、质量等的形式主义做法，要把城市居民的需要不需要、满意不满意作为衡量公共体育服务的标准，要真正做到"情为民所系，权为民所用，利为民所谋"。

（2）在提供公共体育服务时，政府需要意识到全体公众才是它的服务对象，而不是少数人，我们要使全体人民都能享受到改革发展的蛋糕；还需要意识到公共体育服务既要考虑当代人的体育运动的需求，又要把后代人的需求考虑进去，实现公共体育健身服务建设发展的可持续。

（3）在提供公共体育服务时，政府需要坚决地立足于"人"的需求，首先要满足公众的体育需求，按照公众的体育健身需求来决定服务的内容和范围，强调调查社会公众的体育健身需求。政府在提供公共体育中必须立足于保障和维护公众的公共利益，安排和制定服务制度和政策措施时要"以人为本"，重点保护"人"的利益。

（4）在公共体育服务提供中，政府需要要按照需求层次的差异来提供个性化的服务。政府采取相对公平的方案来解决公共的体育问题，不仅仅在于为所有人提供服务的公平，同时还代表着需要提供高层次的服务给有需要的人群。政府要在提供公共服务的时候时刻关注着民生和民意，最大限度地展现出多元化的服务，还要根据地域情况来提供个性化的服务，展示出公共体育服务的地域差异。意思就是，我们在提供服务时要考虑多元化的需求，既要考虑到公民在体育场地设施等方面的需求，还需要考虑群众在精神方面的需求。

（5）要求政府在提供公共体育服务时要突出便利性、普遍性。例如，服务场地设施要坚持经济适用、配套服务、方便群众，要让群众能够只花费较短的时间或通过较近的路程即可接近场地设施；体育活动的开展要注重主题化、多样化、经常化、小型化；体质监测服务要突出干预、追踪等的作用；体育信息提供（特别是政务信息的提供）要尽可能地做到公开化，各类体育指导信息、活动开展信息等要贴近群众、讲求实效；等等。

（五）制度化原则

公共服务是一个工程体系，它发展的有序性包括人才、资金、政策制度、科技等诸多方面。以下这两个变量决定了公共服务的水平，分别是制度安排和经济能力。但是，我国公共服务的城乡、区域和不同群体之间的平衡已经被破坏，它的主要原因就是公共服务制度的不完善、未形成以及未形成有效的制度，公共服务指标软化的原因就在于公共服务的供给中还未形成规范的分工和问责制度。另外，在发展过程中，我国城市的公共体育服务中的诸多问题之所以出现以及公众对公共体育服务之所以不满意，是因为我国公共体育服务的法治化程度较低、政策和法规的制定也比较落后、各种制度建设也不够完善，并不能在制度上充分地保障公共体育服务，发展动力的不足通常是由制度的缺陷造成的。

公共服务制度的完善是解决公共服务不到位、基本公共产品短缺和公共需求的全面快速增长之间突出矛盾的根本途径。所以，良好的制度环境是有效提供城市公共体育服务的必要保障，服务提供的良性运行只有在一个法律法规健全的环境中才能实现；公共体育服务提供主体和客体的共同利益也只有制度化才可以保障。现在，许多国家已经在国家的法律条文中规定了基本公共服务的提供，它和公民的基本权利实现结合。完善的制度保障了城市公共体育服务的供给，它也是一种必要的途径。

第二节　城市社区公共体育服务的基本特征

一、地域性

所谓"地域性"，就是指城市公共体育服务要基于不同地区经济社会的发展、文化背景、体育需求和供给能力和对某种体育服务的偏好等因素来确定服务范围和提供服务。城市公共体育服务的地域性表现为市中心和郊区、不同社区间的差别。从历史上看，公共服务是一个逐步发展的过程，会随着社会经济的发展和人们对于政府的观念的变化而不断调整和发展。实际上，政府提供公共服务的范围和数量不仅与公众的公共需求直接相关，而且还受到经济发展水平和政府能力的制约。

从需求的角度来看，城市公共体育服务就是要满足社会公众的体育需求。然而，人的体育需求是发展变化的。根据马斯洛的需求层次理论，在纵向上，人的需求始终处在一个从低层次向高层次不断发展的过程，低一层次的需求得到满足后，就会向更高一级的层次发展，追求更高层次的需求，表现出一种无止境的发展；在横向上，一个人在同一时期可能有多种需求，不同年龄、职业、性别、地区、民族的人在需求上总会表现出一定的差异。无论是纵向还是横向，人的需求都会表现为动态的变化，由此决定了公共体育服务的地域性。

从经济社会的角度来看，城市公共体育服务的发展与经济社会有着密切的联系，由于国情、地区、民族、文化和经济发展水平等方面的差异，不同国家、地区和民族的公共体育服务内容存在着明显甚至相当大的差异，从而表现出动态性，类似于昨天的公共产品放在今天可能就是私人的产品了，反之亦然。

从政府的角度来看，城市公共体育服务的供给取决于政府意志，即政府有无意愿和能够在多大程度和多大规模上提供公共体育服务；同时，也取决于政府能在多大程度及多大规模上筹集到可用于公共体育服务的资源，这是建立在经济基础之上的。也正是政府提供服务的意愿和筹措服务资源的能力决定了公共体育服务在范围、内容、标准等方面的地域性。

城市公共体育服务的地域性要求我们不能以一成不变、静止僵化的观点去看待公共体育服务的变革需求，而要通过公共体育服务理念的更新来满足城市社会发展的需要，实现与社会现实相协调。这就要求政府提供公共体育服务的能力和水平要适应不断扩大的体育公共需求，从更广的范围、更高的层次上以更加公平的方式提供服务。

二、普遍性

城市公共体育服务的目的就是要满足社会公众的体育需求，实现公民基本的体育权。随着经济社会的发展，城市居民在体育需求方面的内容及结构也在不断产生变化，因此城市公共体育服务的内容与结构必须依据体育需求内容和结构的不断变化做出相应的调整。但是，这并不意味着城市公共体育服务的生产和提供应面向某个群体，它的服务对象应该是全体的城市居民和社会的各个群体，让每个人都能够享受公共体育服务。另外，政府还必须持续地增大公共体育服务的覆盖面和影响力，尽可能让广大群众都充分享受各种体育服务发展的成果，让公共体育服务切实为全体居民而服务，来适应城市居民基础的体育运动健身需求。城市公共体育服务的满足与实现程度是衡量社会进步与文明程度的一个重要指标。

三、公益性

城市公共体育服务体现了公共利益，公共体育服务的发展完善主要是为了满足普通公众基本的体育需求，而不能以追求经济利益为目标，必须始终强调服务的公益性，要把社会效益放在首位。强调服务的社会公益性并不代表公共体育服务都是完全免费的，或者说并不是绝对的福利性；政府所提供的公共体育运动健身服务大致上是公益的，然而某些服务也要收取一定的费用。通过公共权力或体育公共资源，政府可采取购买、补贴、配送等方式，来保证公共体育服务以免费或优惠的方式向社会公众提供。

四、有限性

随着城市经济社会的发展和居民生活水平的提高，势必会导致体育需求不断发生变化，呈现出多样化和上升的趋势。同时，这些体育需求又存在基本的和非基本的区别，这就对公共体育服务提出了更多及更高的要求。

　　公共体育服务是动用公共权力或利用公共资源的活动，政府能支配的体育公共资源或财力是有限的，因此，政府不可能包揽一切公共体育服务，也没有理由或依据要求政府提供所有的公共服务，政府只能在公共服务的提供上"有所为，有所不为"。政府所能提供的服务不可能满足城市居民所有的体育需求，只能将有限的财力集中于必须由政府投入才能有效满足其需求（即基本需求）的公共服务上。事实也证明，政府所提供的公共体育服务一旦超越自身的能力范围，服务的效能就很难得到有效保证。通过市场能够获得超出基本需求范围的公共体育运动健身服务。

第三节　城市社区公共体育服务的构成要素

一、体育活动场地设施的规划与建设服务

　　我们需要加强规划、建设和管理各级各类的公共体育场地设施，确定建设标准、服务内容和服务标准。还要建立并完善包含街道、居住区、体育中心、学校、社区等公共体育设施的体育运动健身服务网络，提供多种优惠、多时段、多层次、多区域的多元化体育健身活动服务。

（一）社区体育场地器材建设

1. 重要意义

　　社区体育场地器材的基本建设，包括制订建设计划、组织设计和进行施工等一系列工作。它不仅决定了场地器材本身为社区体育服务的能力，还直接影响到社区体育发展的水平和规模。只有不断建立和完善社区体育的场地器材，才可以充分地提高社区成员参与体育活动的积极性，才能推进社会体育的变革和进步，才可以进一步保证全民健身计划纲要的落实。

　　（1）可以为社会体育的发展提供重要的物质保证

　　社区体育场地器材是社会体育发展的物质条件，它保障了社会体育的发展，只有少量简陋运动设施的社区可以进行高水平的全民健身活动是不太可能的。我们必须最大限度地提高现有社区体育场地器材的利用率，持续扩展新的社区体育

运用区域，关注社区体育器材的维修和养护，这样才有利于我国社会体育的可持续发展。

（2）可以促进合理布局

社区体育场地器材的布局是否合理严重影响着它们利用率的提高和各项社区体育运动健身育运动项目的开展。我国目前的社区体育场地既存在着数量严重不足的问题，布局也是非常的不科学。借助社区体育运动健身场地器材的建设和完善，既能够使它们的数量增加，也能够依据建设完整社区体育运用健身场地器材的总目标，使它的布局更加科学，促进我国的社区体育场地网络体系的逐渐形成和完善。

（3）可以推进我国社会体育的现代化进程

社区体育场地器材的建设状况，是衡量一个国家社会体育发展水平的重要尺度，这是因为安置合理、设备先进的现代化社区体育场地器材是当代社会体育发展不可或缺的物质条件。只有不断改善社区体育场地器材的建设状况，才能推进我国社会体育发展的现代化进程，把我国建设成为世界体育大国。

（4）可以更好地满足人民群众的健身娱乐需求

社区体育运动健身场地的器材属于非生产性的固定公有资产。它不仅属于社区成员的公共消费设施，而且是参与各项体育娱乐健身文化活动项目的重要地点。因此，加强社区体育场地器材的建设工作，能够加大非生产性的固定公有资产，提供更多的物质条件来促进社会体育的发展，能够更好地满足社区成员的健身娱乐需求。

2. 基本原则

为适应社会主义市场经济体制和社会体育改革与发展的要求，我国社区体育场地器材的建设应遵循下列基本原则。

（1）加快建设和积极开发社区体育场地器材

各级政府须根据国家在城市公共体育设施用地定额指标方面的具体规定，在城市建设规划和土地利用总体规划中体现出社区体育场地的建设，科学布局、统筹安排，重点加强老城区内的社区体育场地器材的建设。社会及个人投资兴建社区体育场地器材是被国家鼓励的，还有着国家给的优惠政策用于土地使用、资金贷款等方面。此外，严禁侵占、破坏社区体育场地器材。

（2）新建社区体育场地器材和改造扩建现有社区体育场地器材相结合

新建和改扩建，是社区体育场地器材建设工作的两种形式。新建能增加社区体育场地器材的数量，改善其布局，促进社区体育场地形成网络；改扩建建设时间短、投资少、收效快，能迅速提高社区体育场地器材的服务能力。只有将这两种形式很好地结合起来，才能使建设社区体育场地器材走上内涵式的发展道路。

（3）提高建设社区体育场地器材投资的经济效益

投资建设社区体育场地器材的经济效益，是指社区体育场地器材所花费的建设资金与所提供的社会体育服务之间的比例关系。提高了建设社区体育场地器材投资的经济效益，就相当于用同样的建设资金建立了更多更好的社区体育场地器材。这既为国家节省了建设资金，又为社区成员创造了更好的锻炼环境，推动了社会体育的发展。随着新科技在体育领域中的广泛应用，出现了使用各种新材料所建造的社区体育场地器材，这必然也就增加了建设投资。因此注重提高建设社区体育场地器材投资的经济效益，就具有更为重要的现实意义。

（4）应坚持基本建设的程序

社区体育场地器材的建设属于非生产性的基本建设。它同任何基本建设工作一样，必须按照"规划—勘探—设计—施工—验收"的程序来进行，这是基本建设规律的客观要求。如果违背了这个程序，就会使社区体育场地器材的建设缺乏科学性，难以保证质量，甚至还会造成巨大的经济损失。

（二）社区体育场地建设

1. 选址

为了便于社区的居民能够在新建的社区体育运动健身场地上科学合理地锻炼身体，我们在选址时需按照以下几个原则：

第一，我们在进行选址时，需最大限度地借助自然环境、天然地形以及电力管网、城市上下水等公共设施。这么一来，既能够节约建筑的投资资金，又可以节约日常保养维修和运营的成本。同时，我们在选址时还要避免可能遭遇洪水、滑坡、冲沟等的地段，还有类似政府部门、医院的公共建筑物。

第二，在最大限度地考虑到人口分布、方便群众、人流疏散、距离适中等影响的基础上，宜使用分散式布点的方式。

第三，地址还应该选在阳光充足、海拔较高、利于排水、绿化较好、空气新鲜的地方。另外交通最好方便，不要靠近工业区。

第四，社区体育场地还应建设在南北的方向，如此能够防止早晚的阳光直射。另外最好不要建在主导风向上。

第五，不要把社区体育场地建在上空有高压输电线路等障碍物的地方。

第六，社区体育场地的周围应依法安装防护栏杆、挡网等。还要规划树木的栽种、草坪的铺设，以防止风沙、绿化环境。

2. 总体布局

社区体育场地建设的总体布局一般是指体育场地在城乡社区内的空间分布与组合。它是建立完整的社区体育场地体系的前提条件，是带有战略性意义的问题。社区体育场地建设的总体布局合理，就能够有效地增加经济效益和社会效益，促进社会体育持续、快速、健康发展。社区体育场地建设在布局时应遵循下列基本原则。

（1）方向性

以城市建设规划的总方针和发展社会体育的工作重点为依据，合理确定社区体育场地的布局类型。

（2）适用性

为便于社区成员进行身体锻炼和开展社区体育运动会，社区体育场地建设的总体布局要处理好体育场地与居住区之间的关系。

（3）绿化性

社区体育场地要尽量增加绿化面积。通常绿化面积应占整个用地面积的30%以上，以美化环境、改善场地内的小气候状况。有条件的地方还可以建成体育公园。另外也不能忽视场地四周景观的陪衬作用。

（4）经济性

合理制定社区体育场地的建筑标准和规模，使社区成员能够非常方便、实惠地参与体育健身活动，发挥建筑投资的最大效益。

（5）可行性

社区体育场地的总体规划要与城市总体规划相协调一致，并通过社区体育场地的建设对城市改造和现代化进程有所推进。

（6）美观性

在经济、适用的前提下，突出社区体育场地的独特风格，创造良好的建筑景观。

（7）灵活性

要为社区体育场地今后的发展与变化留有适当的余地。此外还须指出的是，由于建立完整的社区体育场地体系是一个逐步实现的过程，因此在布局时必须充分考虑到国民经济、社会发展与城乡建设规划等方面的要求，把布局工作和城乡建设结合起来进行。

3. 规划

社区体育场地建设在规划时，应根据该地区的地形、地貌和气候等自然条件，调查当地居民的人口数量、密度及所爱好的体育运动项目，并结合当地的实际情况、远景规划和社会体育的未来发展趋势等，来确定社区体育场地的类别和面积大小。

在具体规划时，必须要做好以下三个方面的工作。

（1）依法规划

《中华人民共和国体育法》第四十五条规定："县级以上地方各级人民政府应当按照国家对城市公共体育设施用地定额指标的规定，将城市公共体育设施建设纳入城市建设规划和土地利用总体规划，合理布局，统一安排。城市在规划企业、学校、街道和居住区时，应当将体育设施纳入建设规划。"现行的《城市居住区规划设计规范》，具体地讲明了小区、城市居住区、组团的公共文体设施控制指标。该规范明确地规定居住区每千人文体设施用地面积为 200~600 平方米，建筑面积为 100~200 平方米；小区用地面积为 40~60 平方米，建筑面积为 20~30 平方米；组团用地面积为 40~60 平方米，建筑面积为 18~24 平方米。我们在规划社区体育场地时必须要严格地落实相关法规和标准。

（2）政府推动

我国的土地是国有的，只有政府的主管部门才能够依法规划和审批土地，所以社区体育场地用地的规划需要政府来主导。

①主管部门严格执法

城市政府的规划部门或国土规划部门要按照有关的法律和规范在城市总体规划和地区详细规划中考虑到社区体育场地用地。相关部门在审批居住区、小区建设方案时要坚决以公共体育设施的用地定额指标的依据，没到规定的指标的不予通过。针对没有贯彻公共体育设施用地指标的单位和项目要依法处置。现在任务的关键就是落实好旧城改造、新区建设、综合开发过程中的公共体育设施用地的固定指标。

②行政首长高度重视

市长和区长要有意识地促进发展社会体育、建设体育设施，把这项工作当作为市民办实事的中心工作。只要在城市的建设和开发中落实社区体育场地的用地指标，就能使城市的发展和整体经济效益得到进一步提高。其实，社区体育场地的建设情况和城市的绿化率、污染的治理水平是同样的，它们都属于一个城市文明和现代化的重要体现。它也在一定程度上也是城市规划部门和开发商现代文明意识和经营理念的体现。

③立法机关加强监督

可以在适当的时候，由市、区人大组织《体育法》及相关法规、标准执行情况的专项检查，检查行政首长和政府有关部门履行职责的情况，督促落实社区体育场地的建设规划。对城市重要街区的建设改造方案及重要体育设施的建设项目要举行听证会，广泛征求市民的意见，把社区体育场地器材的建设情况置于市民的监督之下。还可以通过组织人大代表进行专项考察、组织新闻媒体进行有关调查或组织专家学者召开专题研讨会等方式，来吸引社会各方面重视规划工作，强化舆论氛围，并提高全民参与的积极性。

（3）开阔思路

我国大中城市老城区的交通设施、绿化用地、文化体育设施、居住用地的矛盾十分明显，所以我们在进行社区体育场地的规划时一定要把思路打开。因为社会主义市场经济和城市建设的进一步发展和居民生活水平的进一步提高，社区体育场地的建设也需跟着时代的发展进步。例如，产业结构的不断优化和调整会让高耗能、高污染以及不再具有竞争优势的企业离开市区；城市建设中的大规模旧城改造和综合开发又会在一定范围内重新配置土地资源，这都是社区体育场地建设发展的良机。

总而言之，用地规划部门的统筹考虑、城市主管领导的高度重视、体育行政部门的积极参与，保证了社区体育场地的建设和规划。

二、体育活动组织的建设与发展服务

政府需要建立各种体育组织，特别是要增加街道、社区的基层体育运动健身组织的数量，扩大体育组织的规模和组织活动的体育人口；还要有效地提高体育组织的服务质量以及工作效率，建立和发展体育社团以及体育骨干的培训、培养系统，使社区居民有组织地开展体育活动。

三、体质的监测与监控服务

我们还要建立健全居民的体质监测服务系统，促进居民体质的研究工作和体质监测服务，落实体质监控以及追踪研究，按时公布体质监测的结果，建成居民体质监测的预防系统，使居民能够关注自身的体质和身体健康水平。

四、科学健身的宣传与指导服务

我们促进公益性和职业性社会体育指导员制度的落实以及体育运动健身指导工作的开展，全力促进体育健身咨询、体育健康发展和科学健身的宣传教育活动，促进全体育运动健身的科学化。我国推进社会体育指导员的培训工作，贯彻落实分层培养和分类指导的机制，增加社会体育指导员的数量，提高这个群体的质量。

五、体育活动的组织与宣传服务

我们要组织和进行多元化的、多姿多彩的群众性体育健身活动，积极地宣传和举办各种体育展示、竞赛及表演活动，吸引广大居民参与，提高体育活动效果。大力提倡体育项目创新，积极创编和引进适合不同人群的新型体育活动项目，推广和资助群众欢迎、有较好健身作用的体育项目。

六、体育信息网络的构建与咨询服务

我们还要促进公共体育服务信息化的建设力度，搭建体育服务的公共平台，形成包含居民信箱、互联网、宣传栏、广播电视、电话热线等多种方式的信息沟通体系。加强宣传体育的力度，给居民提供体育资讯及体育咨询服务。

第四节 城市社区公共体育服务建设与创新

一、社区公共体育服务建设策略

（一）明确和强化社区体育公共服务主体责任

立足于进一步提高城市社区体育公共服务质量的目标，我们必须在开始的时候就明确和认识到社区体育公共服务的主体责任。因为不管什么形式和内容的"公共服务"，政府都是最主要的供给主体，所以这也就需要政府部门能够立足于社会建设、社会治理的方面，实际地增强自身在社区体育公共服务方面的责任和任务。如果从整体上讲，政府部门需要解决基础的体育设施建设问题并健全各项体育设施，并监督和维护后期的使用。按照不同地区的实际情况，调控设施的配置、服务和管理等内容，以适应不同地区的需求差异。另外，我们还必须向社区居民宣传体育运动锻炼方面科学、健康的知识，提高社区居民参与体育活动的积极性，给社区居民提供相对安全的体育活动健身的指导。

（二）做好体育运动宣传、激发群众体育运动热情

提高城市社区体育公共服务质量的一方面就是场地、设施、设备的完善，另一方面还需要增强社区居民投身和参与体育运动锻炼宣传、引导力度，还有群众体育运动健身的高昂热情。城市的生活环境、条件与传统农村的生活环境、条件有很大的差异，由此城市社区居民逐渐不适应了劳动、锻炼，就算是一些出身于农村的老年人，同样也不喜欢劳动和锻炼了，何况是休闲健身意义上的体育运动项目。针对这种情况，我们必须进入社区的基层，以及企事业单位、学校，在社区内尽力地宣传好社区体育运动，使社区内的所有人意识到体育运动锻炼的重要性，与此同时能够借助各种群众性的体育赛事项目，提高居民群众观看、参与体育活动的积极性，让他们慢慢形成体育运动的兴趣爱好。

（三）呼吁社会力量的帮助和支持

开展城市社区体育公共服务保的支撑和保障就是大量的资源，然而只靠着政

府的财政拨款，政府财政的压力是十分大的，有可能会严重限制本身各项工作的进行，不能完全解决高品质体育公共服务供需的矛盾。因此，政府必须积极主动地借助社会力量的协助与扶持，比如各个企业以及文化团体，在物质上、资金上、人员上贡献出力所能及的力量，解除开展城市社区体育公共服务各项工作中会遇到的资源方面的限制，积极地提高体育公共服务的质量。另外，政府也能借助一些渠道来帮助这些单位，比如可以在体育设施设备和各项社区体育活动中宣传企业、文化团体，实现双方的共赢。

（四）加强社区体育公共服务管理

社区体育公共服务工作能够高效、长久、有序推进的重点就在于管理。首先，政府部门需要按照当地的具体情况来制定规章和制度，结合当地政府和社区的共同力量来建设社区体育设施，为社区提供更好的体育服务。其次，用法律的手段来对社区体育公共资源进行监督和管理，保障社区公共体育服务管理制度有效的实施，提高监管的力度，对体育设施的资金加强监督和管理，让这些资金的使用更加透明化。同时，还要将政府、社区等力量结合起来，共同打造具有特色的社区公共体育服务，将社区公共体育设施的利用率提高，利用先进的管理理论、先进的管理思想、科学的管理手段，将社区公共体育管理服务做得更好，促进社区公共体育服务的发展。最后，还需要分社区做好对体育公共服务工作的绩效考核，发现以往存在的问题，做出不断的改进、优化，不断提高体育公共服务质量和水平。

（五）加强人才的培养和引进

除了设施、制度等方面的策略外，要想真正提高城市社区体育公共服务的质量，我们还必须要从人本理念的角度出发，认识到人才是决定社区体育公共服务质量的核心要素，加强对体育公共服务人才的培养和引进。例如，在学校教育方面，应当尝试开设专门的体育公共服务课程，将体育专业和社会治理专业结合起来，培养出能够真正推动和促进城市社区体育公共服务事业发展的综合性人才。同时，要加强对人才的引进，适当提高人才待遇，吸引和激励他们投身体育公共服务事业，增强他们的责任意识、职业道德，使他们可以更好地投入到自身工作中来。

二、"互联网+社区公共体育服务"创新模式

（一）内涵

"互联网+社区公共体育"，是指在社区公共体育事业发展中，利用现代通信技术，依托互联网平台，创新社区公共体育发展方式，实现社区公共体育的快速发展。充分发挥互联网的连接互通作用，建立社区居民与政府体育行政部门、体育组织、体育服务企业之间的联系，促进社区公共体育服务行业的转型升级，实现社区公共体育服务的有效供给。借助互联网平台，整合各方体育资源，优化社区公共体育资源配置体系，实现社区公共体育资源供给总量的最大化。建立线上交流平台，拓展居民沟通渠道，实现O2O（线上与线下）交流互动，提升社区公共体育的综合效益。

（二）时代背景

任何事物存在和发展的基本动力均是外因和内因交互作用所致。"互联网+社区公共体育"的产生并非从天而降，而是有其特定的时代背景。

1. 国家政策指明了方向

2015年3月，首次提出"互联网+"行动计划，此后，国务院出台了《关于积极推进"互联网+"行动的指导意见》。体育界积极响应中央的政策，因势利导地结合体育发展的实际，进行"互联网+体育"的探索。2018年的政府工作报告中，提出"在医疗、养老、教育、文化、体育等多领域推进'互联网+'行动"。可见，党和国家已经将"互联网+体育"作为政府工作的要点。在体育方面，也有相关的政策提高了"互联网+体育"，如2016年5月颁布的《体育发展"十三五"规划》。

综上所述，我国政府紧紧抓住"互联网+"这一历史机遇，谋划了我国体育事业发展的新蓝图、新领域。这些政策的出台势必对社区公共体育产生重大影响。

2. 企业参与注入了动力

没有任何一个群体比企业家更加精准地领会政府的政策。随着国家"互联网+"和体育产业发展系列政策的出台，无论是互联网企业，还是体育产业企业，都看到了"互联网+体育"市场的巨大商机。互联网企业纷纷涉足"互联网+体育"，传统体育企业积极寻求与互联网企业合作，"互联网+体育"的产业发展正

成为我国新时代经济发展的快速增长点。

当前，国内外网络和体育企业的积极参与，推动了"互联网＋体育"产业市场的快速发展，势必会对社区公共体育的发展带来重大的变革和空前的影响。

3."互联网＋"提供了新路径

社区公共体育是群众身边的体育，是落实"全民健身"、实现"全民健康"的基础单元。要实现"人人能健身、人人会健身"的目标，就必须大力发展社区公共体育。当前，国家将"全民健身"提升到国家战略的高度，人们对体育健身的需求出现了爆发式增长。日益增长的多元化、多层次体育健身需求与体育有效供给不足的矛盾非常突出。要解决群众健身难的问题，就必须统筹规划建设、整合各方资源、激发市场活力，实现共建、共治、共享。互联网为人们建立了快速沟通渠道、信息共享平台、跨界联合路径，能够为政府、社会组织、企业、居民之间建立起互联互通的桥梁，从而做到对居民健身服务的有的放矢，实现体育资源的合理分配和高效利用，"互联网＋社区公共体育"为解决我国社区公共体育发展面临的主要问题提供了有效途径。

（三）基本特征

互联网对社会的影响力正持续升温，它对人们的生活方式和思维认知有很大的影响。"互联网＋"属于一种经济社会发展的新形式，它深度融合了互联网创新和经济社会领域，促进技术进步、效率提升和组织变革，增强实体经济的创新力和生产力。所以，目前，"互联网＋"代表的是一种跨界、开放、共享、互融的形态和创新机制，是一种科学技术的进步和升华、领导生产力的提高和转变。"互联网＋"使用信息通信技术和互联网平台，与传统产业深度融合，在改造传统产业的同时，让我们的社区生活也经历巨大的变化。社区是政府行政机构的最低机构，具有较强的可控性和管理性，"互联网＋体育"想要落实到实践，就必须向社区发展。互联网与社区公共体育的结合主要有共享性、便捷性、社交性、数据化和个性化五个方面的特征。

1.共享性

社区公共体育在互联网上的共享主要是在互联网的作用下实现社区公共体育设施、信息资源、体育活动资源和健身指导资源等共享。其通过缩减信息传播渠道的环节，实现社区内各种体育资源的共享。例如，苏州市打造的一站式体育服务平台——"苏体通"，为社区居民提供了包括体育赛事报名、体育场馆预订、体育指导员预约与体育培训报名等多种个性化公共体育服务，完美诠释了"互联网＋社区公共体育"的共享性特征。

2. 便捷性

随着大数据、云计算、量子信息等通信技术的迅速发展，互联网通过相关软件与硬件的链接，实现操作的便捷性。同时，智能硬件、健身设备的不断更新换代也让社区居民参与运动变得极为便利。社区公共体育的管理者也能通过互联网技术的应用提高社区公共体育的管理效率，降低管理的运营成本，有效提升社区居民在时间、空间上对信息的获取便捷性，对于社区公共体育服务的供给效率具有较强的实践意义。

3. 社交性

由于互联网具备互动性与传播性，通过互联网在社区内部的传播能够激发社区公共体育的长尾效应，达成社区居民的体育社交效应，社交应用充分满足了社区公共体育用户在体育运动健身活动中的社会交往需求，同时也激发了人们的运动兴趣。例如，社区居民通过微信、QQ等网络社交软件，与志同道合的健身爱好者开展"暴走团""广场舞""驴友""跑团"等多元化体育活动，极大地提升了社区公共体育运动健身项目的社交性，达成了社区居民对社区公共体育服务的自主管理，有效拓展了社区公共体育服务的供给渠道。

4. 数据化

体育活动数据化是指利用"互联网＋"工具或手段在体育活动中实现个人健康管理。此外，互联网平台能对用户的体育活动数据进行汇集、沉淀，大数据的反馈将进一步提升社区公共体育管理部门的管理效率，帮助社区公共体育管理部门对社区公共体育用户进行精准的健康定位、指导和决策。例如，运动App借助互联网技术，通过智能手环、运动鞋等穿戴设备采集运动数据并及时反馈给用户，运用其数据化的特征科学指导用户的健身行为。

5. 个性化

互联网的发展模式是一种满足个性化需求的新型模式。"互联网＋社区公共体育"能够根据社区公共体育用户的特点定制适合不同用户需求的体育服务，提供更加多样化的健身渠道、终端和丰富的体育信息组合手段，从而对他们的生活产生深远的影响。

（四）可行性分析

1. 国家发展政策提供了政策保障

自从 2015 年李克强总理在政府工作报告中提出"互联网＋"的概念后，"互联网＋"成为推动中国经济转型的重大战略。2016 年国务院制定并颁布了《关于加快推进"互联网＋政务服务"工作的指导意见》。党的十九大报告指出，要深化供给侧结构性改革，推动互联网、大数据、人工智能和实体经济深度融合[①]。一系列政策的颁布都为"互联网＋"技术在公共服务领域的应用提供了政策支持和保障。因此，"互联网＋社区公共体育服务"模式具备强大的政策支持，是适应当前我国经济发展和社会治理的需要。

2. 互联网在社区的发展提供了基础

一方面，随着智能手机、平板电脑等智能终端的普及，实现了移动互联网的全覆盖。智能终端与固定宽带的大范围覆盖和进步，从网络条件上支撑了"互联网＋社区公共体育服务"模式的发展。另一方面，大规模的网民支撑"互联网＋社区公共体育服务"模式的样本参考。另外，依法治国的必然要求就是民众参与，这也从根本上反映了人民的意志和利益。社区居民参与社区公共事务治理是国家法律赋予我国公民的权利与义务，公民通过积极履行自身职责义务来加入公共服务建设，是国家依法治国的重要体现，也从法律的角度支撑了"互联网＋社区公共体育服务"模式。

（五）服务供给的新路径

1. 推行"互联网＋社区公共体育服务"模式的应用

体育设施服务、体育活动服务、体育指导服务和体育监测服务是社区公共体育服务的四大组成部分。在体育设施服务方面，可以利用"互联网＋"为政府和社区居民搭建一个通畅平等的沟通交流平台，打破政府在供给过程中的独断性和

---

① 习近平．决胜全面建成小康社会夺取新时代中国特色社会主义伟大胜利：在中国共产党第十九次全国代表大会上的报告 [EB/OL]．(2017-10-27) [2019-10-11]．http://www.xinhuanet.com/politics/19cpcnc/2017-10/27/c_1121867529.htm.

盲目性，以社区居民的实际体育需求为出发点，推行公共体育服务的个性化、精准化供给，使公共体育服务不断完善，促进它快速发展，使得对体育需求多元化的社区居民得到满足。在体育活动服务方面，充分发挥"互联网+"的天然联结凝聚功能，通过建立各种"群"，为社区居民提供共享体育活动信息，组织社区居民体育活动，加强体育交流，从而推动社区公共体育的发展。在体育指导服务方面，目前，我国的社区公共体育指导服务相对较为欠缺，社区的公共体育活动指导员配置不足，社区居民体育活动的开展难以得到规范系统的指导。依靠"互联网+"可以实现体育活动的远程化指导服务，能够有效地缓解社区居民体育活动缺乏有效指导的局面。在体育监测服务方面，可以开发可穿（佩）戴式智能运动设备，这种设备主要是由通过"互联网+"技术实现的，实时监测社区居民的运动和健康状况，根据个人的数据，通过分析技术，为其制订合适的体育锻炼方案，使得社区居民的健康水平得以提高。

2. 提高对"互联网+"技术应用的重视度

政府是社区公共体育服务供给的"掌舵人"，因此，只有政府提高对"互联网+"技术应用的重视程度，才能有效地推进"互联网+社区公共体育服务"模式的建立。近年来，政府越来越重视公共体育服务，对其的投资力度越来越大，但是相比于体育产业的"辉煌"，社区公共体育设施的建设还远远不够，但社区公共体育服务本质上是一项惠民工程。政府要转变"政绩导向""数据导向"的社区公共体育服务理念，以社区居民的实际需求为出发点，更多地关注"需求导向"的基本供给原则，深化推进"互联网+社区公共体育服务"融合。

3. 构建社区公共体育信息共享平台

资源配置效率低下、供给内容单一、不能满足个性化需求，这一直是社区公共体育资源配置的缺点。互联网技术不断发展，使得人们可以在此基础上建立社区公共体育信息共享平台，能够解决公共体育资源供需不对称的难题。目前，手机是我国居民普遍使用的通信和获取信息的主要工具，社区公共体育信息管理部门可以联合通信运营商，运用现代互联网技术，通过手机链接，实现社区公共体育信息资源的共建共享。例如，上海市、苏州市和常州市，通过互联网平台实现了对市民的体育需求与反馈信息的调查与收集、体育政策和新闻的发布、体育活动的组织与安排、体育场所分布的电子地图与运行使用实时公告、网上咨询交流与专家答疑。上海市还建立了社区公共体育"菜单式"配送和社区联盟赛等特色网络平台，采用"你点我送"供给方式，使居民"足不出社区"就能享受到健身指导服务，实现了居民体育需求与社区公共体育服务有效供给之间的良性互动。

4. 创建移动 App 客户端

App 客户端，是一种应用程序，它以手机和平板电脑等智能终端为载体，使得大众群体可以接收到新闻、图片、视频等信息。第一，通过 App，社区居民可以实时查询附近公共体育健身设施使用情况并实现场地、设施预约功能，以便合理安排锻炼时间，减少时间成本。第二，通过 App，社区居民还可以获取健身指导，实现科学健身。第三，通过 App，居民可以实时监测自己的运动情况和健康状况，并通过 App 后台的数据分析结果获取由体育健身专家提供的体育锻炼方案。第四，通过 App，居民可以获取社区公共体育活动信息，对活动直播进行观看，对活动进程进行在线浏览，使得人们之间的互动交流更加频繁，对开展社区公共体育活动起到了促进作用。第五，通过 App，政府和群众之间的沟通与交流得到实现，居民可以实时反馈社区公共体育服务的意见和建议，以便政府不断调整和改善供给策略，实现合理供给。

5. 建立互联网评价机制

社区居民是社区公共体育服务的主要对象，居民满不满意是评判服务质量的唯一标准。因此，社区居民对社区公共体育的供给主体具有监督权和评价权。通过互联网技术建立社区公共体育服务综合考评监管制度，是保证社区公共体育服务有效供给的重要机制。政府行政部门，通过建立社区公共体育服务责任制度，明确服务内容、服务标准、责任人职责等。社区居民通过亲身体验，在网络平台上对服务和管理人员的工作进行评价，实时反馈服务情况和要求。政府体育行政管理部门，根据居民评价和要求，及时改进服务工作，调整服务内容，提高服务质量，切实从居民的实际需求出发，提供居民喜爱的、具有特色的体育服务，确保公共体育资源的合理配置和高效使用。

第五章 "健康中国""全民健身"与城市社区体育

本章内容为"健康中国"与"全民健身"与城市社区体育，主要从两个方面进行了介绍，分别为"全民健身"视角下的社区居民体育参与、"健康中国"视角下的社区居民体育需求。

第一节 "全民健身"视角下的社区居民体育参与

一、全民健身与社区体育

（一）全民健身计划实施现状

1995 年 6 月 20 日国务院正式颁布了《全民健身计划纲要》，这是国务院发展社会事业的一项重大决策，是一项纲领性文件，由国家领导，由社会支持，由全民参与。《全民健身计划纲要》是面向 21 世纪的一项决策，其目的是提高民族素质，纲要从这一战略高度出发，明确要求了 20 世纪末到 2010 年我国全民健身活动的目标、任务、措施，这项战略是一项跨世纪的对国民体质建设发展的规划，积极地动员和组织群众参与到各种形式的各项体育锻炼当中，对于国民整体素质的提高起到了促进作用。

《全民健身计划纲要》分为两期工程，实施时间为 1995—2010 年。1995—2000 年是第一期工程，被分为三个阶段：第一阶段是 1995—1996 年。主要进行改革试点和宣传发动，同时作为全民健身计划的具体配套措施，推出了"全民健身一二一工程"和适宜于群众锻炼的一系列体育健身方法。第二阶段是 1997—1998 年。通过逐步推进全民健身计划，形成全民参与健身的社会环境和全民崇尚健身社会风气。第三阶段是 1999—2000 年。全民健身计划全面展开，各项工作普遍取得成效，具有中国特色的全民健身体系的基本框架初步建立起来。2000—2010年是第二期工程，经过10年的努力，预定提高全民健身工作水平，并使之达到一个新的高度，基本构成具有中国特色的生活化、普遍化、社会化、科学化、产业化的全民健身体系。

《全民健身计划纲要》的实施适应了社会发展的潮流，满足了广大人民群众渴望体育健身的愿望，实施以来，受到各级党委和政府的高度重视以及社区居民的积极参与。各地在开展全民健身工作中积累和创造了许多好经验。

（1）加大宣传力度，使全民健身计划深入人心，充分发挥各新闻传媒的作用，层层进行思想发动，开展全民健身宣传周、月、节活动，在"家喻户晓、人人参与"上下功夫，增强从领导到群众的体育意识，唤起人们自觉参加锻炼的积极性，变"要我练"为"我要练"。

（2）加强组织建设，建立健全各级全民健身的领导机构和办事部门

由党政主要领导亲自挂帅组成领导机构，充实体育部门人员，落实责任，建设和培养大众体育的骨干队伍。建立全民健身活动中心、辅导站和晨练点等。

（3）开放体育场馆，建设新的场馆，增加大众活动场地，提高场地利用率

许多地方体育场馆敞开大门，实行有偿和无偿的服务。许多地方政府都决定学校的场馆向地方和居民群众开放。许多部队和机关体育活动场所也纷纷开放，为全民健身计划的实施创造条件，营造一个良好的氛围。北京等城市政府拨专款，在有条件的居民小区安设乒乓球台、单双杠等简易设施。

（4）开展各类社会体育活动，不断掀起群众性体育健身的热潮

煤矿体协的男女篮球、乒乓球、门球等"乌金杯"赛，海南省的"龙舟通讯赛"，天津市的"华鹰杯"趣味赛，北京市的万人登山、万人健步走等层出不穷。各厂矿企业和农村充分利用节日和农闲季节开展规模不等的单项、多项、综合的体育竞赛活动。通过这些活动宣传体育健身，展现社会体育水平，吸引广大群众参加，活跃城乡生活，推动了精神文明建设。

（5）进行体育改革，发展体育事业

体育产业的宗旨是为全民健身服务，坚持以体为本。要想发展体育事业，就必须立足于改革，转换机制，这样才能逐步形成的良性机制，形成"取之于民，用之于民"的良好局面。积极探索，鼓励兴办各种管理体育场所和所有制企业，

使得公共体育场馆实现形式的多样化。健身中心和体育场馆逐步走自负盈亏的路子。广大群众逐渐在生活消费中纳入体育锻炼，树立健身投资的观念。

（6）艰苦奋斗，重在实效

充分对我国国情、民情进行考虑，开展全民健身活动要勤俭，为开展活动创造条件。提倡大众充分利用空地和居住大院开展活动，在原有和新建的居民小区中建设简易健身活动场所。大连市开展了每人每天步行半小时，步行三站地不坐车的活动，提倡尽量多步行少骑车，尽量多骑车少坐车，尽量爬楼梯少坐电梯，倡导人们将对烟酒的花销转移到健身上。

（7）依法管理

许多城市为明确全民健身工作的分工和责任，制定了地方性法规和条例。体育场所用地、标准、立项、布点和建设等工作由土地、市政、城建、规划、体育等部门负责，使得全民健身必要的场地、经费和设施得到保障。在规划建设新建小区时，常州等城市对体育活动场所和设施同时进行了规划建设；要求对街头晨练活动点进行统一安排；要求向社会开放公园、学校体育场地。确保居民可以快速找到锻炼场所，最好是在10分钟左右，使得老百姓身边就建有锻炼场所。苏州工业园区社会服务中心是由中国与新加坡合资建设的，里面有各种各样的体育设施，体育健身、娱乐、休闲都可以很轻松地实现，使得体育的服务功能得到充分体现。大众健身的能够使得各个层次人群的需求都能得到满足，完善的体育设施功能，低廉的价格，不仅做到了微利保本，还能通过良好的服务和指导使人们积极地参加活动。

1999年全国群体工作会议强调，全民健身工作要全面推进，注重建设，促进全民健身计划持续健康发展，为人民群众做好三个身边之事：一是建身边体育场地。要就近就便、小型多样、安全适用、因地制宜地为群众修建场地。场地要国家、社会、个人共同修建。场地建好后要管好、用好，发挥大众健身的作用。二是抓身边的组织。大力发展群众性的体育健身组织、辅导站、晨练点、俱乐部、扩大技术指导队伍。三是搞好身边的活动。要下大力量搞好社区、里弄，家庭的体育健身活动，坚持日常、科学有效、丰富多彩的活动，增加体育人口。全民广泛地形成了"人人参与健身，健身要讲科学"的意识。"健身苑"在各居民生活社区中建设起来，使得居民拥有了更便利的健身条件，他们可以就地锻炼身体。

目前，我国已初步建立起各年龄段人群的体质评价标准，其中涵盖了从 3 岁至 60 岁，为我国国民体质监测和体质的自我评定提供了客观的依据，健身咨询站和国民体质监测站在各地区先后建立起来，对人们健身起到了指导的作用，传播并推动了科学健身，促进全国的健身活动的蓬勃发展。

（二）社区体育对全民健身计划实施的作用

社区体育活动的开展，全民健身工程的实施，对于社区居民的团结和社会稳定起到了促进作用。实施全民健身计划和建设精神文明的载体就是社区，这有利于我国发展体育事业和改革社会体制，社区已经基本落实了社会发展和体育发展，社会发展的重点已经包括建设社区。社区体育作为社区建设重要组成部分，已经成为当前全民健身活动的主要形式。全民健身工程的良好环境和条件是由社区体育提供的，全民健身工程又为社区体育进行了硬件创造，使得典型得以树立。这两项工作相得益彰，相辅相成。

动员全国人民参与健身活动是全民健身计划的关键，要想让全民参与健身，其基本条件就是必须让这项活动贴近生活。人们生活的基本点是社区，社区是全民健身计划实施的"根据地"。体育生活化得以加深的重要途径就是社区体育活动的开展，开展社区体育活动也是实现全民健身的重要形式。所以，社区体育对实施全民健身计划的意义和作用主要包括以下几个方面。

1. 促进了体育的社会化

随着改革开放不断深入，人们的社会生活也逐渐发生了重大的变迁。我们在向现代化社会逐步转型的同时，社会变化使得体育也调整着自身的体制和运行机制。为了适应社会转型，产生了一种新型的社会体育形式就是社区体育。社区体育的出现，使实施全民健身计划的过程更加符合社会发展的规律，主要体现在以下两点上。

（1）由于计划经济要向市场经济转化，社区体育适应了这一变化，由国家包办体育改为社会（区）开展体育。社区自主性体育形式打开了"我要练"的主动局面，使得"要我练"的被动局面彻底扭转，全民健身活动逐步正常运行。

（2）由于社会组织管理机制变化，社区体育适应了这一需要，即要独立开展，不再全面依附政府，变成横向联系的"块块"，而不是纵向系统的"条条"。政府职能转变，使得办体育的要求落到基层社会区，而实现这种转变的最佳形式就是社区体育。

2. 促进了体育的生活化

促使人们亲近体育，养成健身习惯，这就是全民健身计划的核心。然而，要想养成锻炼的习惯，就必须将体育当成生活的一个组成部分。因此，全民健身的重要任务就是将体育生活化。最贴近社区居民生活的体育形式就是社区体育，我们主要从三个方面进行阐述。

（1）体育活动分"日常型"和"非日常型"

社区体育有利于人们养成健身习惯，是典型的"日常型"体育活动。并且它最符合便利性原则，能够最大范围地动员居民，通过老少咸宜的活动方式，使居民们参加体育，使得全民健身的宗旨得到充分的体现。

（2）全民健身须动员全体人民参加体育活动

社区体育具有广泛性，可以更大范围地对社区居民进行动员，让他们积极参加体育活动，而以前的系统运作方法无法做到这一点。

（3）体育活动的普及必须符合便利的原则

社区体育近在身边，在时间和场地利用等方面具有极大的便利性，是最受社区居民欢迎的社会体育形式。

（三）全民健身计划的实施将有力推动社区体育的发展

社会体育的一种新的活动模式就是社区体育，要顺利实施全民健身计划，重要的环节和有效的途径也是社区体育。《全民健身计划纲要》中具体地规定了社区体育活动的组织管理、计划方法、指导员、场地、设施，在全民健身计划的实施过程中，社区体育发挥着重要的载体作用。

（四）全民健身路径

全民健身路径（以下简称"健身路径"）是近年来在我国兴起的一种健身活动设施和与之相适应的锻炼方法，是实施全民健身工程的重要内容之一。但健身路径毕竟是刚刚出现的新事物，从器材设置、规划布局、路径管理、组织指导等方面还存在许多问题。这是我们一直关注的问题，也是亟待解决的问题。

1. 健身路径建设的形式

健身路径的建设资金来自很多渠道，依据其归属，主要分为三种模式。第一种方法是利用体育彩票公益金。将体育彩票中获取的公益金返回社会或者进行表彰鼓励,通过这种方式奖励或赠送给有关市、县(区),这样可以对该地区建设群众性体育设施和开展群众体育活动予以支持。第二种方法是体育彩票公益金和企事业单位捐建相结合。公共体育设施建设的主要形式就是,上级主管部门出资金、使用单位出地,按照一定要求对布局进行规划统一,共建因地制宜分批实施的模式。第三种方法是企事业单位以及住宅开发商以自己投资的形式来建设健身路径。随着人们生活水平的提高,人们越来越追求优质的生活质量。各单位也非常重视职工的身体健康,有的房地产开发商在建设住宅小区时为了吸引买主,优化环境,也开始注重在住宅小区内安装健身路径,增强买房者的求住欲望。从目前现状看,我国全民健身工程投资已由原来的"体彩公益金"为主向多元投资主体方向发展。

2. 健身路径建设的规格及主要类型

"健身路径"配套的体育设施,没有统一模式,建设规模的大小也不样。利用体育彩票公益金建设的健身路径正逐步向健身园发展,体育设施较为完整,器材的搭配也符合健身的要求。其配建项目一般为30件左右的健身路径配建有小篮板、室外乒乓球台等,受赠单位要求建有自行铺设的一条鹅卵石健身路径,一些条件好的单位,还建有供居民进行拳、操、舞活动的健身场地。企事业单位及住宅开发商自己投资建设的"路径",只是因地制宜将一批简单的健身器械组合在一起,大多为色彩亮丽的钢管,这些设施有的适合老人,有的适合小孩,有的适合青壮年。从调查结果看,健身器材在3~10件的为大多数,组成"健身路径"的器材主要包括摸高横梁、转体训练器、伸腰训练器、臂力训练器、太空漫步机、平行梯、双杠、秋千、跳马、组合训练器、压腿训练器、太空球,肋木架等。

3. 健身路径的规划

(1)"路径"的布局

"路径"的安装不能选择路边,也不能选择太小的场地范围,"路径"最好不要短于100米,因为运动设施之间距离太近会影响锻炼效果,无论是密集排列8个或10个器械,还是只将三五个器械分布在的路边、场地,这都将使"路径"设计的锻炼效果无法充分发挥。从目前情况看,活动面积不足1000平方米的"路径"器械排列基本上20~50米长短并行或者呈方块状密集分布,这样会导致各锻炼项目之间无法拉开适当的距离,无法对放松性、过渡性的运动诸如慢跑等进行衔接。这样"路径"的布局主要属于利用原有地面建设而成的。符合规范建设标准的健身工程主要是利用体育彩票公益金建设而成的规模大、占地面积在 2000 平方米以上的体彩健身园。

（2）"路径"的分布

健身路径已形成现今规模各异，形式多样的格局，其形式可归纳为五种形态：一是利用新村楼宅间居民集中地，建设体育设施，改善小区环境的居住小区型。二是优势互补，有机结合的室内外结合型。三是将"路径"建在公园和街道绿地中的园林绿地型。四是对人行过道和商厦广场改造的同时，配建健身广场的街头广场型。五是利用旧式街道的有限空间，安置简易健身器材的弄堂过道型。大型的体彩健身园一般选址在体育场馆、游园、公园、广场等地，小型的健身路径在社区内的较多。从目前现状看，就近从事健身的人群占大多数，而每天定时定点到离家较远的健身园从事健身活动的人群较少。

4. 健身路径的使用

目前的健身路径越修越多，越修越好。从健身路径的建设现状看，参加健身路径锻炼人群有明显差异。各年龄阶段的居民对健身器械的使用情况也不一样。老年人很少选择那些对技术和力量要求较高的器械，他们更喜欢简单易做的器械，不仅练习平衡，还能舒展身体，中青年很少对器械进行利用，少年儿童则更喜欢娱乐性、新颖并带有一定刺激的健身器械。当然，除了年龄上的差异外，还有性别上的差异。

5. 健身路径的管理与维护

科学使用健身路径，使其发挥效益最大化，离不开科学指导与有效管理。全民健身是一项公益事业，虽然有些地市也制定了相应的管理办法，为了防止发生意外，建设时都在器材旁设置警示牌，说明该器材适合什么样的人群使用、应该注意哪些问题等。从对健身路径使用调查结果看，由于健身器材的维修管理没有明确的管理部门和专门的维修管理资金，致使健身设施存在不少安全隐患。不少"路径"的健身器材都受到了不同程度的损坏，有的是正常使用造成的损坏，有的是人为破坏，包括由于没有在科学的指导下进行活动而使用不当、不爱护器材甚至偷盗器材等造成的破坏，特别是一些公开开放的健身场所安装的健身器材损坏更为严重。

目前从健身设施维修管理问题来看，住宅开发商投资建设的"路径"有物业管理部门负责的管理较好，无物业管理部门负责的管理较差。企事业单位捐赠的社区健身设施通常由单位或社区热心人士管理，他们主要是负责向群众介绍各器材的具体使用方法，随时检查器材的损坏情况，发现问题后再通知厂家进行维修。设在体育场馆或封闭性的健身园，因有专人管理，健身设施维修管理较好，而设在广场、游园等地的开放性健身场所的"路径"却缺乏人员有效的管理。

6. 健身路径建设的策略

（1）健身路径的设计建设要符合可持续发展的观念

健身路径的发展要有新思路、新理念、新措施、新办法。在健身路径的设计上应该满足更多人群的健身需要；在功能上需要更具个性化、人性化；在外观造型等方面需要更新和改革，并且在整体上要适应社区、房地产开发、园林等多方面发展需要。

（2）加强对健身路径的宣传，增强人们对科学健身的认识

加强对"路径"的作用、功能、锻炼方式、评价方法的宣传，增强人们对科学健身的认识，提高锻炼的针对性和有效性，使健身路径在使用效果上提高层次。这样既方便进行小型比赛活动，又方便群众检查自己的练习结果。要将体质测试与健身路径结合起来，进一步开发它的健身功能，用科技手段规范和量化健身路径锻炼的强度和量，指导群众科学健身。

（3）建立和完善"路径"的管理、使用、养护条例

健身路径的有效管理应从健身器材的维护保养与指导群众科学健身两个方面入手。厂家在招标和配送产品时，应多配置部分易损件，如螺丝、活动轴等，可计入成本中，便于路径管理人员自行解决故障。作为管理方的居委会、物业部门及受赠单位，应制定出相应的器材管理制度及措施。可组织一批离退休的健身热心者及居委会的党团员对器材进行"领养式"的单个承包，负责器材的维护与保养，并成立健身器材管理委员会，和居民一道共同维护社区的健身设施。健身路径管理要走市场化道路，可开发路径周围的广告资源，对有志在投入路径建设和维护的个人或单位，给予宣传广告等回报。

（4）健身路径的设置应与社区的整体环境相协调

在健身路径的配建与使用中，要广泛调研了解群众的需要，让群众在一个美

的环境中享受体育锻炼的乐趣。"路径"器材应结合社区的定位，有针对性地配置，提高利用率，不能搞"一刀切"。在路径的选址问题上，既要做到便民，又要做到不扰民，应在充分征求广大居民意见的基础上，实施健身器材的安装。安装的健身器材要与居民住宅保持一定的距离，一般应在10米以上，尽可能杜绝扰民隐患。

二、"全民健身"视角下社区居民参与社区体育的现状

"全民健身"背景下，社区居民参加体育锻炼的意识在逐渐增强，参与社区体育的人数越来越多。目前，居民参与社区锻炼的现状可以从以下几方面体现。

（一）参与社区体育的人群

目前，参与社区体育锻炼的社区居民主要是年轻人和老年人，中年人因为忙于事业，闲暇较少而参加时间很少，故而他们基本不参与社区体育活动。但是，随着人们越来越重视身体健康，参加体育锻炼的中年人也越来越多。

（二）参与社区体育的目的

社区居民参加社区体育的目的主要体现在两方面，一是保健身体和预防疾病，二是消遣娱乐和愉悦心理，其中保健身体和预防疾病是主要目的。以老年人参加社区体育为例，老年人在退休之后，社会交往途径减少，并且再加上身体的原因，大部分老年人很少外出，但是社区体育的出现不仅使得老年人有了环境和条件进行锻炼，对身体强健、防病治病有着重要作用，同时还为老年人进行社交提供了条件，有利于他们的身心健康，使得他们的生活质量得到有效提升。由于多数老年人患病情况不同，因此他们会有针对性地进行体育锻炼。

（三）参与社区体育的时间

参与社区体育的时间即居民参与社区体育锻炼的时间段。不同的群体参与社区体育锻炼的时间段也各有不同。对于老年人来说，他们由于生理特征的原因，更习惯早睡早起，所以一般他们会在早上进行锻炼，也有一部分老年人注重养生，为了促进消化，他们更习惯在晚饭后进行锻炼，以保健身体；而对于年轻人和中年人来说，由于白天工作的需要，他们参与社区体育锻炼的时间多集中在晚上，当然也有一小部分选择在早上进行锻炼。

（四）参与社区体育的场所和项目

社区居民参与社区体育的场所主要集中在小区内或者是小区附近的公园或广场。居民参与社区体育的项目根据不同年龄段是有所不同的。年轻人和中年人参与社区体育的项目主要有打篮球、打羽毛球、跑步、跳舞等，而老年人倾向于健身操、太极、武术、踢毽子、骑自行车、广场舞等。

第二节 "健康中国"视角下的社区居民体育需求

一、健康中国与社区体育

（一）健康中国的内涵

健康是人对高质量生活的追求，不仅仅是相对于疾病而言，它涵盖了物质、精神、行为等层面，更涉及生活环境、身体、生活方式、心理等方面。健康是国家战略，健康中国建设是对人民健康进行全方位、全周期的保障，重点是普及健康生活、建设健康环境、完善健康保障、发展健康产业、优化健康服务。《"健康中国 2030"规划纲要》指出，建设健康中国的基本路径是"共建共享"，建设健康中国的根本目的是"全民健康"[①]。所以，健康中国的内涵应涵盖健康社会、健康环境、健康经济、健康公民，是一个"大健康"概念，是全面、系统、科学的健康观，将国民健康作为中心，通过国民健康使得国家富强、民族振兴得以实现。

（二）健康中国与社区体育发展的关系

1. 健康中国为新时代社区体育发展指明方向并提出新要求

《"健康中国 2030"规划纲要》的指导思想中指出，建设健康中国的核心就是提高人民健康水平，其动力是体制机制改革创新，其重点是建设健康环境、完善健康保障、普及健康生活、优化健康服务、发展健康产业，在所有政策中都将健康融入进去，使得健康领域发展方式加快转变，全方位、全周期对人民健康进

---

① 中共中央国务院. "健康中国 2030"规划纲要 [Z]. 2016.

行维护和保障，使得人民的健康水平大幅提高，使得健康公平得到显著改善①。所以，使得居民健康水平得到提升才是社区体育的发展核心，社区体育重点在于为健身锻炼提供指导、使健康的健身方式得到普及、使社区居民健身锻炼的场地设施不断得到完善、使社区体育参与环境更加健康，并从政策上落实以居民健康为理念的社区体育，全方位对社区居民健康进行促进、保护、维持，对社区体育发展模式不断进行创新，使得社区体育的权利能够让不同群体、不同区域的居民公平享有，使健康公平得以实现。《"健康中国2030"规划纲要》指明了社区体育发展的方向，并对社区体育进行引导，使其朝向"健康"理念视角全方位发展，为中华民族伟大复兴的中国梦和"两个一百年"奋斗目标创造坚实的基础。

对社区体育的发展，健康中国提出了新要求。健康中国不同于以往对社区体育发展的要求，以往更多涉及场地设施、社区体育人才等社区健身条件层面，而健康中国则要求社区体育更全面、更系统，涉及对社区居民身体健康的促进、保护和维持，使得社区居民的体育健康观更加科学，使他们参与社区体育的权利健康得到保障，使参与社区体育的环境不断完善并且更加健康，最终体医结合，将社区体育发展的价值最大化。提出健康中国使得体医结合得更加紧密，患者通过运动获得、维持健康，而运动的强度直接关系着运动的效果，这就需要医学的介入。如果只靠体育，那就无法对运动的风险进行防控；如果只靠医疗，医生就无法科学、有效地提供运动处方。因此，社区体育的发展应该对体医结合的发展模式进行创新，有机结合社康中心、家庭医生与社会体育指导员这三个层面，使社区居民健康得到科学高效的促进。因而，建设健康中国有利于我国社区体育发展的规范和完善。

2. 发展社区体育是实现健康中国最直接、最高效的手段

近年来，人口老龄化、"三高"与冠心病等慢性疾病、看病难、看病贵、国民体质机能下降等问题逐渐凸显，居民将60%~80%的健康投入都花在临死前的一个月治疗上，这些问题对于我国社会经济的发展有着严重的制约。《纲要》的提出，体现出在我国发展中健康的重要地位。健康问题的应对，单纯只靠医疗是不够的，体育也必须要参与进来。"运动是良医"，预防慢性疾病和提高大众健康水平的重要方式就是科学合理的健身。促进健康、预防疾病最好的方式就是体育，

---

① 中共中央国务院."健康中国2030"规划纲要 [Z].2016.

从大众健身的视角来看，其最直接的表现形式就是社区体育，要实现健康中国，发展社区体育具有重要的意义，也是最直接、最高效的手段。

二、"健身中国"视角下居民对社区体育的需求

（一）心理方面的需求

"健康中国"关注的不应该只是身体健康，心理健康也至关重要。现在生活节奏越来越快，人们经常面临着很大的压力，长期处于高度紧张状态积累的压抑和疲倦会导致个人产生不平衡的心理机能，这就容易使人产生心理疾病。面对越来越智力化的劳动方式，人们运动的机会越来越少，运动不足就容易使身体的各项机能退化，使人的适应能力和抗病能力变差。长期处于这种心理和生理状况的人们，十分渴望解脱压力。能够较好地满足人们的这种需求的是体育运动。在支配闲暇时间的方式上，人们出现了倾向性的变化，人们日常从事体育活动的主要空间成了社区活动场所。因此，对于社区体育，人们有通过体育活动得到身心放松的需求。

（二）体育服务方面的需求

"健康中国"的提出，在一定程度上提高了社区居民的健康意识，也使得社区居民的存在意识得到升华。社区居民存在意识的升华也使人们对个人完善的追求得到激发。社会主流的观念是"以人为本"，人们有了更强的存在意识，人的价值越来越得到重视，人的自我完善意识也不断增强。在这种时代背景下，居民越来越重视社区体育活动，社区体育活动成为培养改善体形和自身姿态、增强生命活力的有力手段。在这种情况下，过去那种由企业或机关团体定期组织的某些体育活动已经无法满足居民的需求，他们需要开展符合自身需要的各种类型的体育活动，他们会对更为方便的家庭、社区公共场所等条件进行充分利用。当前情况是居民体育意识不强，社区体育设施缺乏，在这种局面下更重要的就是开展各种形式的体育服务，激发群众积极性，使他们参与到体育活动中来，使社区体育形成良好的氛围，促进全民健身活动的开展。

（三）健身空间方面的需求

1. 健身空间的可达性

小于 800 米是居民去健身空间的理想步行距离，步行到达距离最大范围为 1500 米，居民健身舒适到达的空间距离是徒步行走时间在 10~20 分钟，也就是 15 分钟圈，这种距离的健身空间对于居民日常的健身活动是非常合适的，如果是在节假日期间，可以对健身空间的距离进行适当延长，居民健身的空间会放大很多。

2. 健身空间的环境舒适性

居民较为青睐的健身空间是社区周围的公园、绿道，看着满眼的绿色，人进行运动的欲望也得到了激发，充足的阳光和氧气以及宜人的湿度也非常有利于健身，一般来说公园有着较为适宜的人口运动密度，这种感觉让人感到舒适，健身的居民也会得到满足。

3. 健身设施功能的多样性

因为每个人有着不同的健身目标，所用的体育设施和空间也是不同的。体育设施在运动项目上可分为羽毛球、网球、足球、乒乓球、篮球、健身操、武术、跑步等，从类型上划分包括康复运动、有氧运动、力量运动、拉伸运动等多种类型，不同的体育设施与空间的种类对健身目标的达成有着不同的影响。

（四）体育活动方面的需求

社区体育承担了全面健康，包括心理健康、身体健康、社会健康、道德健康。心理健康是人对环境和人群进行不同的选择；身体健康是在体力活动上的满足，对运动方式的需求有着不同的导向；社会健康与道德健康是健康选择自己的人际交往关系。社区体育主体行为活动大体被分为三类，包括休闲类、人际交往类、健身类，社区体育的供给应使不同类型活动的健身需求得到满足。

（1）休闲类活动

各人群对休闲娱乐类活动的要求是差不多的，这种差异性不大的需求，可以进行统一的管理和服务，只要环境好、设施服务周到，人们休闲与娱乐的目的能够满足和达到即可。休闲娱乐类的城市公共体育空间可以设计和配置分区块，如可以设置体育休闲区，可以包括冰雪休闲娱乐区、游泳区、慢步区等区块，以使不同爱好健身者的需求得到满足。

（2）人际交往类活动

交际类活动主要是为了促进社会健康，这类体育活动主要是活跃型的，公共体育空间可增设竞技类健身空间，使健康人群在人际交往的心理健康需求得到满足。交际类活动不仅包含各年龄段人群的交往，还应该考虑到各年龄段人群的交叉需求供给，如考虑到目前老人带孩子的情况比较多，那么在满足老年人健身需求的同时，还应该适当增加儿童的健身空间，这样不仅老人得到了锻炼，儿童也可以进行健身娱乐活动。

（3）健身类活动

健身类活动主要是促进身体的健康，无论是婴儿、幼儿、青少年，还是中年、老年，各年龄段人群对健身均有需求。虽然健康类型的需求不同，设施也不同，但可以综合地、交叉地搭配。

第六章　智慧社区体育服务模式探究

本章内容为智慧社区体育服务模式探究，主要从四个方面进行了介绍，分别为智慧社区体育概述、智慧社区体育服务概述、智慧社区体育建设现状、智慧社区体育建设协同治理。

第一节　智慧社区体育概述

一、智慧社区

（一）概念

智慧社区在我国还是近几年出现的全新概念，按照我国住房和城乡建设部发布的《智慧社区建设指南》的定义，智慧社区是通过对现代科学技术的综合运用，将情、事、人、地、物、组织和房屋等信息进行区域整合、统筹资源，如公共服务、公共管理和商业服务等，依托适度领先的基础设施建设，以智慧社区综合信息服务平台为支撑，使得社区治理和小区管理现代化水平得以提升，促进公共服务和便民利民服务智能化，创新社区管理和服务模式。

近年来，随着计算机、大数据、人工智能等技术的快速发展，我国许多城市提出建设"智慧城市"的发展目标，智慧社区建设成了建设"智慧城市"的重要阵地，国家和地方政府相继出台政策大力推进智慧社区建设。"智慧城市"智慧社区建设纳入了各级政府在城市规划与建设中的重要工作。

（二）基本架构

1. 保障体系

智慧社区的保障体系主要包括三个方面，分别是保障措施、总体方案、安全措施。其中，保障措施又可以分为五个子方面，分别是素养保障、政策保障、资金保障、人才保障、组织保障，其中社区居民的整体信息素养，为智慧社区发展切实应用提供保障；在中国智慧社区建设中政策保障是非常重要的，为中国特色智慧社区发展提供了基础，使其有了依托；智慧社区建设、信息化普及的根本是充足的资金，也就是资金保障；引入培养相关专业人才，可以使智慧化发展水平得到有效提高；智慧社区专项管理小组可以使社区管理服务效能得到有效提升。通过总体规划，总体方案才能限定整个社区的方向，落实规划提出的实施方案。安全措施主要对智慧社区发展过程中产生的信息安全和运维过程中的软硬件相关安全进行考虑。

2. 基础设施

（1）管网建设

无论是社区的建设还是城市的建设，在这个过程中，建设工程中的重点就是水、电、气、热、光纤电缆组成的地下综合管廊，要对资源进行合理的分配，可以引入优化的线路、智能化的设备，这样不仅保证了居民的利益，还使得服务的安全性提高了，同时还降低了资源浪费。

居民生活的第一生命线就是社区水网，水网应负责多项相关工作，不仅主要负责向用户提供输水的管道，同时还应该负责污水排放、雨水利用等。智慧社区中的水网既要和传统水网一样能进行供水、给水等相关基础功能，还要具备其他相关功能，如相应的智能检测、预期规划、远程管理等。在水质水量能够得到保证的基础上，实现节水节能循环利用。通过一些手段，如智能水质管理、智能资源管理、智能水表、智能网络管理和智能工作管理等，使水资源利用率提高。智慧社区水网系统的基本体现就是在雨水污水收集循环利用系统中，依据不同需求对雨水、污水、中水、饮用水进行分配利用。

社区气网是联系社区住户与燃气调压站的纽带，其主要功能是对燃气进行输送和分配，以供居民使用。智慧社区中的气网建设不仅具备传统气网管道设计基础功能，还能够对物联网架构进行利用，提供相关功能，如智慧计量、安全保障。通过智能监管、及时反馈等相关功能，使社区整体用气安全得到保障，有利于社区整体品质提高。

社区电网主要是负责社区配电、输电、变电、用电相关需求供给，它是社区与城市供电系统连接的链路及相关系统。智慧社区中的电网建设的首要目标就是满足用户的用电需求、确保供电过程安全。结合现代技术如传感器、物联网设备、远程控制等对智慧社区建设的必要指标进行充分考虑，也就是经济效益与节能环保。

社区热网是一种管线系统，由热力站向社区用户提供冬季采暖相关服务。智慧社区热网建设的发展方向是智能控温、节能降耗、实时调节。利用信息技术手段，将物联网作为主体，使每户都能实现独立监控服务，对采集的大数据进行相关分析，如供热需求、能源利用率等，同时也要充分考虑到社区智慧建设评估的内容之一，也就是对供热效能等级加强管控。

（2）公共建筑

在儒家思想中，社会发展的最终目标就是病有所医、学有所教、老有所养、住有所居、劳有所得，和西方国家相比，这也是中国特色社区建设最大的不同之一。和西方人相比，中国人更重视邻里关系、人际交往。智慧社区建设的服务中心是一个线下平台，主要提供社区信息化服务，为信息素养基础较弱的人群，如老年人，提供培训服务。养老场所主要为社区老年人提供综合服务，如对他们进行健康咨询、精神关怀、生活照料等，使老年人的生活得到保障，让老人穿戴一些设备，获取老人身体健康状况信息，及时远程联系社区医护设施及家属。托幼设施主要是为了使外出工作的父母能稍微得以放松，减轻他们的压力，这也是社区的一个主要功能，也就是培育幼儿身心健康发展，系统化地提供幼儿早教服务，在智慧化保障方面，额外提供与养老服务类似的远程交流服务，使得父母与幼儿能够进行即时的互动交流。社区文化教育场所为社区提供了一个公共活动的平台，不仅可以使公民娱乐、健身、交流的需求得到满足，还使露天活动带来的扰民等问题得以避免，所以文体教育场所不仅要符合相关标准及绿色建筑要求，其信息化水平也应配套提升。应急设施建设是为了在紧急状况下能够为社区居民提供避难的场所，同时还配备基础救灾物资，使全社区都覆盖危险评估及报警系统，通过传感器、视频监控等设备，配套远程指挥终端，使社区安防应急能力得到提升。

（3）信息化基础设施

智慧社区建设过程中的保障和所有智慧应用实现的基础就是信息化基础设施。中国国务院在2013年8月17日发布了"宽带中国"战略实施方案，建设互联网基础设施有着非常重要的作用，不仅能够使信息化整体水平得到提升，还对经济社会发展起着推进作用。有线网络在网络基础设施建设过程中负责保证智慧社区室内应用全面覆盖，起到骨干支持作用。无线网络和移动网络敷设一方面通过移动网与固网融合为物联网设备提供数据链接、传输的基础；另一方面补充有线网络接入不便地点，使网络覆盖面积得以提高。

（4）物联网基础设施

物联网基础设施是智慧社区建设中的重要组成，是使得物与人、物与物、万物互联统一进行控制、识别和管理得以实现的基础，智慧社区发展水平直接受到其应用程度的影响。

条形码是按照一定的编码规则对宽度不等的多个黑条和空白进行排列的图形标识符，其可以用以表达信息。

射频识别首先要满足国家和国际相关标准，通过无线电讯号对特定目标进行识别，将相关数据读写出来，在应用时主要对载体存储容量、频率、读写距离、数据传输率和工作环境等指标进行考虑。

摄像视频设备在建设中应对监控范围、数据备份、功耗等内容进行考虑，主要负责对社区内主要道路、重点安防区域等进行采集。

指纹识别即通过比较鉴别不同指纹的细节特征点，需要对准确性、扫描速度、可靠性等指标进行保证。

人脸识别是一种生物识别技术，其主要是对人的脸部特征信息进行身份识别。征得社区居民同意后，用摄像机或摄像头对含有人脸的图像或视频流进行采集，并在图像中对人脸进行自动检测和跟踪，在保证隐私的保障性、数据采集的准确性、保存的安全性的前提下，对检测到的人脸进行一系列脸部相关的技术。

（5）数据建设

智慧社区的核心内容就是数据建设，在智慧社区中，大量的数据信息无时无刻不在投入各类数据中，评判一个智慧社区成熟度的重要指标就是对数据的利用率。

数据采集是自动采集传感器和其他待测设备等模拟和数字被测单元中的非电量或者电量信号。数据存储是在计算机内部或外部存储介质上以某种格式对数据进行记录。数据标准包括信息标识编码、信息资源分类、数据元规范等内容，是为了对智慧社区数据资源标格式标准进行定义。数据交换是采取相应的技术，依据一定的原则，使不同信息系统之间数据资源实现共享的过程，其目的是使不同信息系统之间数据资源进行共享。数据整合是综合分析现有的数据资源和处理流程，其目标是净化、转换、集成、传递各种不同数据源之间的数据。

3. 平台建设

智慧社区建设的重点和运营的基础就是智慧社区综合信息服务平台，对信息化、智慧化基础设施建设进行充分利用，使得社区综合竞争力和生活品质全面提升，提供更加合理的运行和管理方式，使得居民日常生活更加便利，提高社区管理服务水平。通过大数据、云计算以及中间件等技术构建社区管理平台，从而对社区服务平台和社区管理平台两个组成部分进行打造。

智慧社区管理者主管内容是智慧社区管理平台，其主要负责使管理者与社区居民之间的沟通交流，通过信息化手段，及时反映社区突发状况，保证管理渠道畅通；智慧社区服务平台支撑着智慧社区的服务内容，其基础是数据交换和公共信息基础设施，对零碎资源进行整合，集成多方面内容，如商业、公共服务、生活咨询等，为社区服务提供标准化接口，以社区居民需求为导向，对社区智慧化建设集成整合起到推动作用。

4. 社区管理

管理体系在智慧社区的建设过程中可以从三部分来进行分类，主要是物业、人员、能源。物业管理是整体规划社区内部资源，智慧社区网格化管理运营模式由社区居委会、物业共同打造。人员管理是统计社区基本构成单元人及党组织关系。能源管理则是一种具体手段，利用智能化设备对能源管理进行优化。

社区环境管理是通过社区管理系统，社区管理方改造与运用社区环境，远程监测社区内生活治安水平、人文发展状况、绿化建设水平等内容，并进行动态管理、即时发布，使得社区环境更加良好。社区安防消防管理包括统一管理消防安全、治安维护、交通安全等内容，要实现住宅小区的安全管理，可依照《住宅小区安全技术防范系统要求（2010 版）》对智慧社区进行环境建设。节能管理的基础是智能能源供给体系采集的相关数据，对社区资源进行调控配给，使能源利用率得到提高。智慧停车包含对社区车辆出入口进行监控管理的相关服务，如采用数字识别技术、无线射频（RFID）技术、智能导航等。

人员管理中，人口管理包括建设人口数据库，采集和整理人口数据、户籍数据。党建管理包括采集和整理党组织关系相关数据，构建社区内组织数据库。

能源管理是统一管理上述资源，主要是通过智能仪表替代传统水表、电表、燃气表。

5. 便民服务

智慧生活包括通过智慧手段对社区居民生活质量进行提升的基本内容。智慧教育指通过互联网技术，共享省（市）重点高中的课程资源，使得社区内、周边中小学实现对教育平等的追求，提高其教学水平，使优质的互联网学习中心得以建立。智慧医疗是通过信息技术，为社区家庭或组织建立个人电子病历，使社区医疗大数据得以形成，通过打造社区医疗管理服务平台，为居民提供病情预警、健康警报等服务体系，享受健康服务。智慧养老是为老人提供的个性化服务，主要通过可穿戴设备、信息服务系统、远程监控设备等掌握老年人身体健康状况。智慧家居体系整合了自动控制模块、移动通信技术、安全保护技术等，使家居生活个性化、智能化水平得到提高。进行信息科普时可以利用社区、楼宇液晶显示屏，使得智慧社区应用实际运用水平得以提高，对社区内居民普及信息化、智慧化应用。

智慧服务包括为社区居民提供的生活所需相关配套服务内容。人本服务通过数据对居民需求喜好进行挖掘，并且进行定期推送，包含了一切人文关怀为主的响应活动。缴费服务包含了很多领域，如交通违章罚款、一卡通、医疗挂号、煤燃气、高速 ETC 等，主要是利用信息技术手段，使得公用事业缴费和服务便捷度能够提高。家政服务是接入统一服务平台，通过在线数据库筛选，在线预约保姆、保洁、护理等具备资质认证的专业人士，并且还可以进行在线评价。出行服务可以推送居民出行路线公交线路，使得社区内配备自行车租赁点，通过手机移动支付功能实现预约、租赁、续借、归还等功能，使得更多居民绿色出行。餐饮服务为社区提供统一订餐热线及网站，对食品溯源系统进行充分利用，以保证餐厅提供食品安全，公开食品制作流程，通过摄像视频实现明厨亮灶，使得餐饮管理体系形成系统。

二、智慧体育

（一）概念

智慧体育目前没有公认的统一定义，其通过无处不在的各式传感器，利用智能处理技术如云计算，分析和处理海量感知信息，全面感知各种体育行为，对各种需求，如全民健身、竞技体育、体育场馆及设施等做出智能响应和智能决策支持。智慧体育进一步发展和深化了体育信息化，使之得以延伸、拓展和升华。智慧体育是通过技术手段连接人和体育器材、体育场馆、体育设施，让体育通过智慧化的设备为人提供更好的服务。智慧体育具有四个特征，分别是智能共享、智能整合、智能感知和智能创新。

（二）发展现状

伴随着大数据、物联网、云计算等技术的不断发展，体育已经越来越"智能化"。在竞技运动领域，2014年世界杯德国队使用的数字教练Sports One能够为教练决策提供依据，因为这个应用可以综合运算与分析训练数据、比赛数据和球队球员的生理生化指标、所在地信息和每日训练量等；国际体操联合会与日本通信技术公司富士通已经达成合作，东京奥运会的评分系统中引进了人工智能技术，比赛计时和结果判定方面的任务由机器来承担。在智能场馆方面，2022年冬奥会速滑场馆"冰丝带"有很多功能，不仅能够为运动员提供训练服务，如计时、计速和计圈等，还能为现场观众提供智能服务，包括实时赛事解析、智能座位导引、座位上购物订餐等。全民健身领域，依靠MEMS运动传感器技术，通过体育器械、运动手环，收集使用者的运动信息，将数据传送到运动健康分析系统，通过手机App将系统分析、处理后的结果对健身者进行建议和反馈，使得人们拥有科学及时的运动健康指导。体育产业中借助智慧体育使得用户体验得到大幅提升，使市场得到开拓。一些实力雄厚的体育集团正在或已经进行资源整合，他们具有全产业链的经营生态，从球队运营到转播权，从体育媒体到体育场馆、电商等，巨大的规模效应正在形成。

（三）发展路径

1. 坚持以人为本

智慧体育技术已经出现了问题，体育反过来控制和主宰人，并且产生异化，必须要加强对智慧技术的伦理规制，不断强化以人为本的原则。

首先，在开发和应用各类技术的过程中，坚持技术为人而来，体现人本思想，坚持所有技术均是为人这一主体服务的，保证技术体现人的伦理原则和价值追求，将人性注入智慧体育技术。电子竞技被列入体育项目是否合适的问题可以暂时先不讨论，但是必须要让包括电子竞技在内的各类体育形式都服从、服务于人的全面发展，每一个技术开发者、使用者都应该树立以人为本的体育伦理价值观，发挥体育育人的独特作用，秉持基本的价值取向。

其次，对淘汰岗位的人员要加强关怀，积极创造新的体育岗位。人工智能技术发展的水平越来越高，人工智能取代一些体育领域的岗位是我们正在面对的现实。这部分人群工作的权利需要被维护，国家和体育组织一方面应救助和培训被替代岗位人员，保障其基本生活，帮助他们重新学习新的技能，在体育中寻找新的发展机会；另一方面应该积极开发适应智慧体育的新岗位，填补旧岗位，尽量减少整体岗位数量的下降。

再次，统一和规范智慧体育所涉及的技术标准体系。从技术批判的观点来看，使用技术体系与设计技术体系都将某种社会价值包含在其中。目前，智慧体育技术涉及不同技术领域，包括信息采集、计算、传感、传输、识别等，要想规避智慧体育伦理问题，数据标准不能冗杂，技术指标要统一。

应当将不同地区、阶层、社会组织和人群的体育权利都兼顾起来，认真思考体育发展的长远利益，充分交流智慧体育涉及的相关技术标准，将公开、公平的智慧体育技术标准和价值体系尽快建立起来。

最后，要保持分享、协作、开放、用户思维的互联网技术精神。在全社会将开放、共享的文化氛围继续发扬起来，保证智慧体育的健康和谐发展，在社会上自由地传播有利于人们健康的各类信息、元素，让智慧体育技术对这些信息进行利用，让人们更加健康。

2. 加快基础设施建设

只有国家在信息公共基础设施建设上进行必要的投入和建设，才能使得全体人民都能够享有基本的公共的智慧体育服务。国家必须给予基础性的建设和营造，无论是公共基础数据的科学合理分享、体育物联网的搭建，还是智能终端的普及。在建设过程中，为了使我国智慧体育持续发展、构建完善的信息公共基础设施，国家可以鼓励社会、企业共同参与。只有这样，因智慧技术发展不平衡使人不能充分享有体育权利的伦理问题才能从根本上得到化解。

此外，权利伦理学不仅对道德来自于权利进行了强调，而且强调对于社会基本的善的分配，人们应当从最不利者的立场来考虑。这就要求国家充分考虑社会底层和贫困人群，开展信息扶贫和体育扶贫，对智慧体育发展中出现的"数字鸿沟"进行解决。在扶贫中，信息和体育是独特的，我国智慧体育发展必须对贫困地区和弱势群体的体育信息需求进行重视，他们对智慧体育的享有权和获得感要得到充分满足。国家层面应在扶贫攻坚工作中纳入智慧体育，着手建设物联网、大数据基础平台，让这些技术充分面向弱势群体和边远地区，使这部分人民群众用得上体育信息和智慧体育服务，并且能够用得起、用得好。智慧体育应该发挥自身的作用，其中有关全民健身、体育产业的部分对群众身心健康及脱贫致富有着紧密的关系，在新技术条件下，智慧体育要避免体育资源分配的不公和"数字鸿沟"，对弱势群体、边远地区人们应有的智慧体育权利进行保障。

3. 加强监督完善法律规范及监督机制

规范和建立智慧体育伦理道德需要健全的监督机制和法律的硬性约束。体育法是在体育伦理道德理念指导下的体育技术性内容，它是强制性的体育道德。体育法需要解答和回应很多问题，诸如智慧体育隐私泄露等违法、对智慧体育中环保、违纪行为的惩处、公平等原则的捍卫，智慧体育不断发展，体育伦理也在与时俱进，此时我们需要体育法规范和约束这一新生事物，从技术和实证方面，使得体育伦理的规定与体现更加鲜明和明显。

监督机制方面，智慧体育涉及多个层面，如社团、企业、个人、社会、国家等，各级各类政府、社会组织、大众媒体以及公众都要进行监督。这其中最值得重视的就是舆论监督和伦理道德委员会的作用。信息公开是智慧体育的基础，各类人群包括公众、媒体、行业精英等及时掌握和了解智慧体育的各类现象和数据，这种公开、公正的环境，有助于智慧体育的健康成长。例如智慧型运动员选材，公开云平台相关选材指标和信息，运动选材专家和教练员等都能补充和修正一些必要的内容，这样就有效避免了在运用技术手段时算法对人的忽略。此外，依据相关法律，参照相关的道德准则，在体育行业和体育产业中成立独立的伦理道德委员会，加强其"把关人"的地位，使得在智慧体育发展中的伦理道德审查和伦理教育得以推进，对于克服发展过程中出现的各类伦理困境起着重要的作用。

三、智慧社区体育

（一）智慧社区体育概述

智慧社区这种新型业态出现之后，政府部门越来越重视其内部结构的智慧化转型升级，智慧社区体育就是其内部结构的重要组成部分。由于智能移动终端设备的普及应用和互联网的覆盖，大众有了更多的渠道来获取信息，社区体育治理主体之间也有了更迅捷、更方便的信息交流。但由于我国地域辽阔，各地的经济和文化都有差异，目前智慧社区体育大都在经济较发达的地区开展。从整合居民信息角度来看，通过网络，社区多元主体采集了社区居民体育信息、统计了社区体育发展状况，城市社区体育治理的效率得到大幅度提升，更加显现出大数据时代下的公开公平性，这样有了一个新的平台可以使社会组织对社会体育工作进行参与和完善以及建立考核机制。从智慧社区养老模式的角度来看，通过互联网等现代化技术，社区以数据作为平台，整合社区中的老年人与各个机构，使老年预约平台得以形成。制订适合老年人的运动健身计划，并为他们提供专业化健身指导，不仅可以达到"治未病"的效果，还能帮助失能老人进行康复运动，为他们提供体育保健方案，为他们的健康保驾护航。

随着数字化时代的不断发展，"物联网""互联网＋"等技术和理念也不断深入，体育转型发展的根本路径也深入到了组织的生产和运作，但体育智能化和体育信息化是不同的概念，体育信息化是更高的发展阶段，通过动态感知动态管理构成要素，社区体育智慧化升级转型还有很长的路要走。提到智慧社区体育，体育场馆的智慧化转型也很容易被人们想起。目前是疫情防控常态化的阶段，借助智能设备如人脸识别闸机等，使得系统能对精确的客流进行统计，各个场馆就能高效管制人流量，实时控流。体育场馆智慧化转型升级是创新利用场馆资源、提升管理效率、优化服务质量的动态过程，这并不是在否定传统体育场馆，对于这次"智慧革命"，我们不能抱着抵触的心态。

专业机构设计、建设、运营管理、维护升级智慧社区健身中心，在服务期内，政府的维护资金可以不用再投入，企业实现商业价值也可以通过互联网平台思维运营，这有利于确保运营的公益性和可持续性。

综上所述，随着数字时代的发展，体育领域也有了新的机缘，相较于传统的人工指导与管理，社区体育场馆的智能健身指导、智能化转型、智能数据统计等变化，给体育行业节省了许多人力与物力，参与锻炼的人群也会感到非常便利，但社区体育的转型升级不会就此止步，漫长的探索研究还正在进行中。

（二）智慧社区体育建设的必要性

智慧社区建设的目的是使社区居民享受优质、便利的服务，这种新的管理服务模式，运用了现代信息技术，对社区多种资源进行了整合。作为整个智慧社区建设中的重要组成部分，体育的作用不可替代，无论是在居民运动健身、休闲娱乐还是在社会交往等方面。在新时代，要想使社区全人群对公共体育服务的需求得到满足，就必须积极推进智慧社区体育建设，智慧社区体育建设不仅深度融合了"互联网+"体育，也是体育信息化和新型城镇化发展的内在要求，更是全民健身与全民健康得以促进的重要举措。智慧社区体育建设能够使体育基础设施智能化水平得以提高，使社区服务功能更加完善，还有利于对社区健身设施和条件进行优化；有利于使政务信息共享范围扩大，为政府服务模式的转型提供助推力，促进政府执政能力的提升；有利于使居民有更强的健身意识，更加科学地对健身提供指导，推动体质健康水平的提升；有利于增强居民科学健身意识，使其健康素养得以提高，保障公共体育服务均等化；有利于使社区工作负担减轻，社区组织的工作条件也会得到改善，社区服务和管理能力也会得到提升。所以，在新时代使智慧社区体育建设和治理工作的步伐加快推进，有利于提高居民健康水平，使其居民生活质量得到保障，有利于建设和谐社区，推动"健康中国"战略的发展。

（三）智慧社区体育的发展趋势

1. 居民开展体育健身活动将会越来越便捷

随着智慧社区建设的深入开展，社区体育服务平台建设越来越完善，居民获取社区体育资源的途径更加方便，对社区体育设施建设与运营、体育健身指导员的指导、体育健康知识讲座、体质健康测试、体育组织开展的活动、体育志愿者服务等情况，通过智能终端（手机、电脑）了如指掌。居民可以全天候自由、自主地选择体育健身活动。

2. 居民体育锻炼将会越来越科学、高效

随着智能运动装备、运动实施的不断设计制造与应用，科学健身运动处方的进一步完善，居民获取科学健身方法的途径越来越容易。居民对体育健身的认识会越来越深刻，科学健身将成为风尚。在智能设备和科学健身处方的指引下，居民体育健身行为将会越来越规范、越来越高效。

3. 居民体育活动将会越来越丰富

随着互联网、大数据、物联网等技术的发展进步，微信群、QQ 群的广泛建立，网络化的现代生活将居民间的沟通与交流变得越来越方便。体育信息的传播、健身经验的交流、健身伙伴的预约、体育活动的组织等将会越来越便捷，居民的体育活动将会越来越丰富，社区体育将会出现丰富多彩的格局。

（四）智慧社区健身中心

1. 智慧社区健身中心建设标准

国家体育总局在 2018 年颁布了《智慧社区健身中心建设试点工作方案的通知》，其中指出："智慧社区健身中心是供社区居民使用，具有管理信息化、运动科学化、服务智能化等特点的健身中心。"[①] 具体规定了智慧社区健身中心建设的工作进度、责任分工、工作目标、实施流程、经费、项目的硬件和软件技术等方面（表 6-1-1、表 6-1-2、表 6-1-3）。

表 6-1-1　智慧社区健身中心信息监管系统建设标准

系统功能	配置内容	必配／选配	有关要求
对场地设施的客流量、能耗、现场情况等进行实时监控	场地设施运营监管信息平台	必配	技术标准与大型体育场馆信息化监管系统建设试点项目配置一致；设备应符合相关国家质量标准
	客流量监测系统	必配	
	电量采集系统	选配	
	运营状态显示客户端	必配	

---

① 国家体育总局. 关于印发智慧社区健身中心建设试点工作方案的通知 [Z]. 2018.

表 6-1-2　智慧社区健身中心智能健身及配套设备和系统建设标准

序号	类别	配置	必配／选配	有关要求
1	体质检测器材	可通过人脸识别、运动手环、扫码等方式对使用者进行人机识别与绑定；可开展身高、体重等检测，提供体质测定报告；具有综合运动能力测定系统；具备开放接口，可将用户运动健身过程和效果数据以系统对接的方式上报有关信息监管平台	必配	设备应符合相关国家质量标准
2	科学健身指导与效果评价系统	可提供科学健身指导方案；可提供健身效果评估	必配	设备应符合相关国家质量标准
3	物联网有氧训练器材	具有身份标示和识别功能；具有运动数据自动采集并传送到数据中心的功能	必配	设备应符合相关国家质量标准
4	物联网力量训练器材	具有身份标示和识别功能；具有运动数据自动采集并传送到数据中心的功能	必配	设备应符合相关国家质量标准
5	可穿戴运动设备	具有运动或兼有生理数据自动采集功能；可支持开启门禁／设备功能	选配	设备应符合相关国家质量标准
6	远程指导健身室	可通过二维码、手环进行身份识别开启门禁；通过增强现实／直播等技术，实现视频教练指导；具备数据通信功能	选配	设备应符合相关国家质量标准

表 6-1-3　智慧社区健身中心运动环境系统建设标准

序号	类别	配置	必配／选配	有关要求
1	智能门禁系统	可通过人脸识别、运动手环、密码、二维码、指纹等方式进行身份识别；可提供数据查询报表；具有在断电、断网等特殊情况下保障安全疏散的技术措施	必配	设备应符合相关国家质量标准

序号	类别	配置	必配／选配	有关要求
2	身份识别系统	可通过人脸识别、运动手环 NFC、二维码进行身份标示和识别	必配	设备应符合相关国家质量标准
3	智能更衣柜系统	可通过人脸识别、运动手环、密码、二维码、指纹等方式进行身份识别；具备无人值守能力，可实现自助式存取功能；具有在断电、断网、忘记密码等特殊情况下保障财务安全的技术措施	选配	设备应符合相关国家质量标准
4	自动售卖机	可通过二维码、手环进行身份识别；可通过 App 实现自动结算；具备数据通信功能；可提供数据查询报表；系统具备提醒补货、订单查询功能	选配	设备应符合相关国家质量标准
5	照明控制系统	通过后台管理系统远程控制室内照明；具备集中控制功能具备数据通信功能。提供数据查询报表	选配	设备应符合相关国家质量标准
6	空气环境控制系统	通过后台管理系统智能控制室内的温度、湿度设备；配置新风系统，可检测室内空气含氧量，产生负离子，保证室内空气清新；配置空气过滤系统，通过环境感知检测场馆的 PM2.5 含量；数据可实时显示在馆内大屏上，供用户查看；具备数据通信功能；可提供数据查询报表	选配	设备应符合相关国家质量标准
7	ERP 系统	包括智能授课系统、智能运营系统、数据统计系统，可进行会员注册、用户管理、订单管理、课程管理、预约管理、教练管理，可开展大数据计算与分析；可向健身活动用户提供运动阶段评价报告	选配	设备应符合相关国家质量标准

续表

序号	类别	配置	必配/选配	有关要求
8	其他服务系统	设立用户 App、微信公众号等工具，便于用户查找地址、获得服务信息、进行预约、记录运动数据、获得饮食指导方案、开展社交等	选配	设备应符合相关国家质量标准

2. 智慧社区健康中心发展路径

（1）树立生态理念

在推进社区健身中心发展的过程中，要保持与生态系统的适应性，考虑到生态环境的平衡，因为社区健身中心是仿生态组织，其发展中同样具有生态环境系统，要对生态环境系统的承受力进行考虑。换句话说，推进智慧社区健身中心的发展，生态发展理念要树立起来，政府、市场、社区与智慧社区健身中心之间的互动要保持下去，并且平衡发展，要多方共同努力，使社区健身中心的生态适应性得以提升，将良好的生态环境营造起来，使其维持生态系统平衡。

首先，针对智慧社区健身中心，政府部门要树立生态发展观，在推进其建设的过程中，既要立足当下，又要立足未来，不仅要积极创造社区健身中心成立的条件，体现社会主义制度关注民生需求的优越性，还要注重营造社区健身中心生态环境，维持其生态系统平衡。其次，智慧社区健身中心管理者也要树立生态发展观，创造有利于社区健身中心生存的环境，维持其生态环境平衡，对环境的变化要积极主动地应对，使社区健身中心的生态生存能力得以提高，进行企业化治理，对内部治理也加强，同时要注意采取双重手段，也就是行政与市场，保持与政府和社区的良性互动关系，体育服务要便捷、低廉、多样，使居民产生兴趣，并且愿意成为志愿者，为后续的发展积蓄持续资源。最后，居民也要树立社区健身中心生态发展观，加大宣传和教育力度，使广大居民明白，他们也是社区健身中心生态链中的重要环节，居民不仅要享受体育服务，更重要的是将社区健身中心作为社区建设的一部分，对其发展进行主动的关心关注和支持，使智慧社区健身中心生态链维持稳定。

（2）要加强自身定位

居民的健身消费意识是不断发展的，人们对于新时代健身场馆有了更精细化的需求，市场会逐渐淘汰掉那些定位模糊的健身场馆。所以健身中心对于自身的定位非常深刻地影响着其后续的发展。社区体育健身中心应快速定位自身发展目标，对社区体育资源进行整合，构建有效的模式。社区健身中心在对自身进行定位时要紧贴社区居民的体育需求，因为它面对的就是周边社区居民，引入社会大众喜欢的项目，引进团体项目，提升社区体育活动效果，扩大服务规模，摆脱个人运动的枯燥感。还要多多开展优惠活动，通过多种途径加强中心品牌建设，如办卡优惠活动、免费体验健身、日常会员日活动、科学讲座等，对自身功能定位进行强化，提升社会服务水平，积极创新百姓的活动平台，对各项资源进行完善，做好自己的品牌，形成自己的优势和特色。

同时社区健身中心作为体育组织，不能仅仅只看到自身，还要主动承担社区体育的治理，应对自身的社会担当有一个充分的认识，对于群众的体育需求要积极回应，同时使自身具有充分的自主性，提升公共体育服务能力，能够感知和预判社会体育需求，充分把握群众体育活动的需求，对国家体育改革发展趋势有着基本的预见。

（3）完善服务管理体系

智慧社区健身中心要不断提高健身服务质量。完善的服务管理体系不仅能够对智慧社区健身中心进行系统化、制度化和规范化的管理，有利于提高全体员工服务意识，趋于人性化的管理，能使之更富有创造力，还有利于落实以"会员为中心"的经营理念，对会员需求机制进行识别和满足。

健身中心只有服务体系成熟、管理理念科学、管理人员专业，才能在市场中屹立不倒，经营得长久稳定。因此，社区健身中心应明确服务与管理各个过程和要求，使健身中心服务流程更加优化，对健身中心内部的管理要加强，使健身中心服务行为更加规范。同时，要对各项规章制度进行完善，将健身中心投诉管理系统健全地建立起来，使所有事情都有据可查、有章可依。权责清晰，将服务标准和补偿范围进行明确。使各级职工职能明确，为会员持续提供个性化的服务，将符合自身特点的服务、管理制度体系建立起来，使整个健身服务行业标准的发展进程加快推进。

（4）创新符合会员消费的健身服务项目

健身市场发展得越来越大，但同时也面临着同质化的问题，在不同的健身中心，项目一样、服务类似的情况并不少见。缺乏自身特色会导致会员的流失。因此，社区健身中心除了要保障公益性，还要改善服务，积极地进行需求调研、项目调整，针对不同层次的消费者的消费需求，结合智能化设备和高科技系统，创新个性化项目，使之与会员消费额度相匹配，实行差别化特色经营，同时还要对本土资源进行深度挖掘，使得市场竞争力增强。构建健身服务体系，使其多元化并具有智慧特色，努力开发新颖的运动项目，引进具有智慧、时尚特征的健身项目，提高客户接待总量。不仅保留了之前的会员，还能够通过特色新鲜的服务项目吸引更多的会员。此外，由于健身人群有着不同的年龄、性别和职业，社区健身中心无法面面俱到。社区健身中心可以进行分时分区的服务，依据自己所在区域的健身人群的不同特征，实行不同的服务模式。例如：晚上年轻人居多，可以在晚上设置年轻人喜爱的活动课程；白天中老年人居多，可以多举办老年人如何安全锻炼的讲座、活动等。

（5）应充分运用场馆内的智能化系统和设备

社区健身中心作为智慧社区健身中心，仍旧不能很好地运用智能化系统和设备。健身中心应将"智慧"的内容体现出来，对场馆内的智能化系统和设备进行充分运用，通过分析智能系统的数据和智能健身设备的互联互通使社区居民健身的正确性和科学性增强。加快推动建立社区健身中心大数据信息管理服务平台，包括设施利用率、体育锻炼人数、运动健身效果评价等内容，为各级政府加强监管、开展工作、进行决策提供数据信息支撑。

（6）引进专业人员，加强专业培训交流

功能良好的社区健身中心，不仅要有良好的健身设备和健身场所，还需要其员工是高度专业的。他们直接接触着会员，工作人员很大程度上决定了会员健身体验的好坏。

智慧社区健身中心应对人力资源管理进行加强，对人才结构进行调整，将相应的人才实施机制建立起来，人力资源管理应该被提升到智慧社区健身中心管理的战略层面，使服务的专业化水平逐步提升。采取多种方式，如社会招聘、校园招聘等，储备人才，引进体育经营管理、社会体育指导与管理专业技术人员。明确规定全职和兼职教练的设置，设置专业的管理者，要求其接受过健身房服务管理与培训。对员工实行合理的奖惩制度和绩效积分制度，使员工在为客户服务时态度良好且积极，使健身参与者的安全得到保证。通过联合办公室提高体育公共服务水平，与相关体育组织或体育协会积极开展合作和专业、系统的体育活动。当地体育行政部门可以定期组织开展各种交流活动，使智慧社区健身中心的工作人员能够从专业人士身上进行专业的学习，取长补短，使自身的专业能力和综合素质得到提升，使智慧社区健身中心的核心竞争力得以提升，打造精英管理团队，使社区健身中心整体运营管理提高到一定的水平。

第二节　智慧社区体育服务概述

一、智慧社区体育服务的内涵

智慧是"生物所具有的基于神经器官（物质基础）的一种高级的综合能力，包含有感知、知识、记忆、理解、联想、情感、逻辑、辨别、计算、分析、判断、文化、中庸、包容、决定等多种能力。智慧让人可以深刻地理解人、事、物、社会、宇宙、现状、过去、将来，拥有思考、分析、探求真理的能力"。从社区体育服务供给领域理解智慧，其内涵就是利用现代信息技术，如大数据、物联网、服务资源平台、移动互联网等，使社区体育服务管理水平、供给质量和供给效率都得到提升。在具体的实践中，通常就是一定主体，最大限度地利用智慧化平台，有效整合、充分利用社区、学校、养老机构等资源，使社区体育服务供给能够对其进行利用。智慧社区体育服务供给就是充分利用移动互联网、云计算、大数据、物联网等现代信息技术手段，提高社区体育服务供给的管理水平，使之与社区体育服务相结合，使得全民健身科学指导和信息化服务水平得以提高，将社区体育服务资源库、管理科学体系和服务资源平台构建起来，社区体育更加便捷、高效、准确进行服务供给。从实践层面看，通过智慧社区体育服务供给，能够对体育设施利用率等进行及时分析，对于经常参加体育锻炼的社区居民人数进行及时统计，对社区居民体育锻炼和健身效果进行综合评价，使得健身和健康设施的利用和管理效率得以提升，居民健身与健康指导水平也更高，升级换代社区的体育设施、器材，创新器材、设施，优化体育服务供给，使居民个性化、多层次的需求得到满足。

二、智慧社区体育服务的构成

（一）智能化的服务内容

智慧社区体育服务是社区智慧全民健身公共服务平台，具备体质监测、体育指导、社区公共体育场馆、设施、赛事组织等所有信息和功能，主要侧重智慧体育咨询的服务、智慧全民健身的服务、智慧体育质量评估智慧体育场馆的服务、智慧体育教育的服务和智慧体育赛事的服务。通过电脑或手机，人们可以轻松登入全民健身公共服务平台，随时随地对各类信息，如场馆设施和体育赛事等进行查询，足不出户在线预订健身场馆和进行赛事报名，还可以组团健身，实现智慧体育赛事服务（赛事预约、赛事讯息、赛事欣赏等）和智慧体育场馆服务（预约服务、健身点分布、社区场馆分布、约伴服务等）。通过大数据对社区居民的身体素质、健身习惯进行科学分析，社会体育指导员教授实用的体育健身知识与技巧，让社区居民通过互动分享机制可以随时随地学习科学体育健身的方法，从而实现智慧体育教育服务（体育达标辅导、体育通识科普、体育技能培训等）和智慧全民健身服务（体医指导、健身指导等）。通过个性化定制体育需求和反馈评价机制，实现智慧体育质量评估服务（服务需求与满意度调研、服务投诉等）和智慧体育咨询服务（服务价格、服务标准、服务导流等）。

全民健身公共服务平台有效解决了一系列体育社会问题，如健身时段、健身地点、健身方法、健身效果评价等，真正做到便民惠民为民，有效推动社区公共体育服务均等化的建设，使得社区居民体质得以增强，有利于提高社会健康水平，具有重要的现实意义。

（二）便捷化的服务形式

智慧社区体育服务形式分为三种形式，分别是线下服务、线上服务以及线上线下结合型服务，为社区不同年龄人群的不同实质需求提供了方便。

线下服务的主要包括三项内容：智慧体育教育服务（体育技能培训、体育达标辅导等）、智慧体育质量评估服务（服务投诉等）和智慧全民健身服务（体医指导、健身指导等）。

线上服务的主要包括六项内容：智慧体育场馆服务（预约服务、社区场馆分布、约伴服务等）、智慧体育教育服务（体育通识科普等）、智慧全民健身服务（约伴服务、健身点分布等）、智慧体育赛事服务（赛事讯息、赛事欣赏、赛事预约等）、智慧体育质量评估服务（服务需求与满意度调研、服务投诉等）、智慧体育咨询服务（服务价格、服务标准、服务导流等）。

线上线下结合型的主要包括五项内容：智慧体育教育服务（体育通识科普、体育技能培训、体育达标辅导等）、智慧全民健身服务（健身指导、约伴服务、体医指导等）、智慧体育咨询服务（服务价格、服务标准、服务导流等）智慧体育赛事服务（赛事预约等）和智慧体育质量评估服务（服务投诉等）。

（三）协同化的服务机制

在社区社会治安和公共卫生健康（如疫情防控）不受到影响的前提下，在建设与发展智慧社区体育服务时，可以对现阶段政府单一化的供给模式进行转变，鼓励多元化社会力量参与进来，积极构建政府主导、社区群众体育文化生活需要为导向的新局面。社区公共服务平台本身就具有优势，在此基础上，以市民卡分区（社区）为信息采集媒介，将政府作为主导、将私人机构和社会团体等作为补充的供给主体，以社区公共体育服务作为最主要的平台，以社区内所属体育局系统体育场馆、社区开放性公园空地、社会租赁性健身场所和教育系统学校体育场馆为主要健身场所来组织进行，有两种服务形式，分别为有偿服务和无偿服务，搭建公益性、无偿性服务形式为主体，协同发展社会团体和私人有偿服务形式为补充的服务机制，使个人、企业、社会组织机构等第三方机构的积极性得到充分激发，使他们积极为社区体育公共服务的机制建设提供供给，使公共体育服务效能得到有效提升，使社区体育公共服务机制能够加快推进社会化进程。

（四）高效化的服务政策

构建智慧社区体育服务是个系统工程，需要以社区为单位对全方位全民健身体育资源进行统筹和募集，争取多渠道、多形式的场馆、经费募集机制，如通过省市体育彩票基金无偿划拨、社会团体捐赠、企业个人无偿援助等，使服务政策落到实处，如此一来体育公共服务会实现更加均等化，社区体育供求矛盾也得到缓解，社区广大居民日益增长的体育需求和美化生活向往也得到了满足；需要将以政府为主导的服务政策建立起来，包括有偿服务价格核价政策、信息采集与社区网融通政策、体育健身指导员保障政策服务经费保障政策和服务平台模块化支持政策等。社区体育公共服务政策法规体系建立起来，并使之逐渐健全，社区居民参与健身活动要保障制度化的推进，政策法规执行、监督更有力度，使社区公共体育服务可持续健康发展。

（五）数字化的服务监管

智慧社区体育服务要构建多主体多层次的监管主体体系，使行政系统外部组织的监督地位得到强化，使行政系统内部机关的监管功能得到提升，将数字化监管运用起来，使公民和社会舆论的监督作用得到充分发挥。用数字化手段建立声誉信息评价机制和民意反馈机制，为居民创造舆论发声渠道，对社区公共体育服务满意度进行广泛的调查，公共体育服务信息要更加公开透明。相关监管报告要定期发布，对社区公共体育服务质量、价格等进行严格监管，监管过程中信息不对称的问题要尽量减少，使监管更加透明，提升监管机构的政策影响力，社区体育公共服务监管手段的效力要提高。推进社区体育公共服务形成宏观监测体系和预警体系，规划目标设计—运行监测—预警分析—绩效评价，使社区体育公共服务质量得到有效保障。

三、智慧社区体育服务的现状

（一）智慧体育人才有待完善

智慧社区体育建设的中坚力量就是体育信息人才。体育指导员、体育信息人员、运动专家、运动员、运动康复师等都包括在智慧体育人才当中。在体育信息化人才培养方面，我国仍稍显不足，我国体育信息化建设发展的制约因素之一就是缺乏体育信息人才，这就导致我国在体育信息化建设方面和西方仍有差距。一般性体育院校学生很少进行学习信息化课程，学习的大都是运动技能与体育教学方面的内容，所以在体育领域中，很少会出现信息专家。目前从事智慧体育平台建设的人员并没有扎实的专业知识，他们无法制订让人信服和容易实践的健身方案，平台建设与健身指导可能会发生一些错位的现象。所以，要加快培养高素质人才，并且是集网络技术和体育健身知识于一体的人才。

（二）智慧社区体育信息资源有待完善

智慧社区体育在信息服务方面有待完善。目前，智慧社区体育服务中，向社区居民提供的信息基本上局限于政府信息公开、体育政策性文件、体育产业、竞技体育等静态信息，音频与视频信息不多。此外，还缺少群众体育的内容，一般是报道群众性的体育活动，很少有信息会涉及全民健身活动的开展、健身需求的健身指导、场馆设施、体质检测等方面。与此同时，多数社区只是简单地在网站上发布相关信息和数据资源，广大用户的需求并没有得到满足，对公共体育服务资源也没有深层次开发，造成了体育资源的浪费，也使得体育信息服务的质量降低了。目前社区体育信息网站开启的线上健身活动、场馆预定、体质测试、健身指导等栏目，专业性差，实效性和实用性不强，也不够系统。

（三）智慧社区体育管理与运营有待提高

使社区体育资源一体化、社区体育服务体系建设得以实现的重要环节是智慧社区体育管理与运营。我国尚没有一个完善的标准体系和立法建设及保障体系来整合与管理智慧社区体育资源，同时我们也很难对多样的体育信息资源有步骤、有层次地进行整合。研究发现，我国现阶段仍然是以政府为主导的社区体育信息服务供给模式，绩效评估与监督机制尚且不健全，社区居民真正的体育需求容易被忽略，社区体育资源的供给与需求不匹配，导致闲置场馆很多，甚至有很多荒废场馆，但群众却找不到合适的地方进行锻炼。由此我们可以知道，社区体育服务体系中的智慧体育仍然要解决很多在管理与运营方面的问题。

（四）智慧社区体育服务平台建设发展不平衡

现在普遍存在一种现象，就是社区场馆利用率和社会化程度都很低，场馆使用资源分配不均。目前的大背景是全民健身，群众健身和消费意识显著增强，我国社区体育也飞速发展，各种运动类智慧服务平台也随之出现，不仅使社区居民能够享受高质量的健身服务，也促进了城市社区体育服务体系持续发展，并提供了重要的技术支持和保障。我国经济发达的东部一线城市智慧社区体育服务平台建设更多，而在中部和西部地区则较少。

第三节　智慧社区体育建设现状

一、融资渠道单一

目前，智慧社区的建设资金主要来自于彩票公益金，通过这种"自上而下"的方式来建设社区体育。有研究表明，政府拨款是社区委员会的体育活动经费的主要来源，社会资助也提供了一小部分，但这仍旧说明政府财政拨款是社区体育的发展资金的主要来源，同样建设智慧社区体育的资金也主要来自于政府财政拨款。然而，对于国外发达国家来说，在社区体育建设资金中政府投入的占比是比较小的，主要来源于其他渠道，如：德国，主要通过自筹的方式，如广告、赞助等；日本，主要是通过会员缴纳会费的方式。这种政府单一供给的模式是由一定的弊端的，这样会给政府增加财政负担，与此同时，也对市场和社会组织融资的积极性产生不利影响。因此，在建设智慧社区体育过程中，要拓宽融资渠道，将政府、企业、社会组织、个人赞助等的力量集合起来，形成一种多种力量共存的财政支持系统。

二、智能平台搭建有待提高

目前，国家体育总局初步建立了包含智能健身系统、体育信息监控系统、运动环境系统在内的健身中心大数据信息管理服务平台，实时采集、传输与分析体育锻炼人数、场地设施客流量、运动健身效果评价、体质测定及评定等内容的数据。但是在体育智能平台建设中的问题仍旧包含以下三方面。

（一）存在信息孤岛

智慧社区建设有很多管理部门，需要打破信息孤岛，对各部门的信息资源进行有效整合。例如杭州市滨江区搭建社区数据库，将社区数据"专享云"建设起来，提供社区综合"大数据"，运用"网络爬虫"技术融合六条线的系统数据，如残联、城管、综治、民政、计生及流动人口等，使社区数据库得以形成，避免重复工作，实现"一库对应多条线"。虽然国家体育总局在智慧社区健身中心的建设中将智能健身系统、体育信息监控系统、运动环境系统设计进来，并且总体要求了场馆协会对试点项目硬件和软件配置技术，但是智慧社区体育智能平台并没有融合于社区其他部门平台建设当中，各类信息仍旧处于"条线"管理状态。随着科学技术的不断发展，在智慧社区体育建设中，VR、5G、LPWAN、人工智能等技术将持续地加入。

（二）地区信息化差异大

在经济发达的地区，部分社区的社区信息管理系统已经融合了物联网技术、现代通信技术，人、信息、物等多维信息综合管理系统已经形成。但当前大部分省市，尤其是在中西部并不发达的一些地区，依然缺少社区体育场地设备，这对智能化信息平台建设的普及和推广是十分不利的。

（三）居民智能化设备能力有待提高

居民无法很好地应用智能化设备。社区中部分群体，如老年人、农民工等，受到领悟能力或教育水平的限制，并不能很好地应用智能化设备，使智能平台的使用效果受到严重制约。居民具有个体差异性，智慧平台体育建设中必须解决的一个难题就是提供精准的技术指导服务的方法。

三、社区专业人才配备严重不足

建设社区体育，除了要制订相关政策、健全场地设施、投入充足资金，还要有相关专业人才的支持。目前，在智慧社区体育建设过程中，在专业人才方面还存在不足，需要加强智慧社区体育的人才队伍建设。

（一）专业技术人员数量不足

智慧社区建设和普通社区建设是不同，智慧社区要使用一些智能化、信息化和数字化的设备，这些设备的使用，普通的社区工作者是达不到要求的，需要专业人才提供的技术支持。目前，在社区中并没有专业技术人员相关的职位，难以保障智慧社区和智慧社区体育的正常建设和实施。因此，在建设智慧社区体育的过程中，非常需要智能化、信息化和数字化方面的人才。

（二）社区体育指导员数量不足

在我国社会体育事业发展过程中，社会指导员发挥着至关重要的作用，虽然体育指导员的认识在不断增加，但是还是不能满足社会的需要。同样，在建设智慧社区体育的时候，也面临着社区体育指导员数量不足的问题。

（三）社区专职体育管理人员不足

社区居委会的工作包含社区体育工作，这属于基层群众性的自治组织工作的一部分，但是，社区居委会还承担着政府和街道的一些行政事务，并没有设立专门的部门，没有组织对社区体育活动进行管理，社区体育工作非常繁杂，专职人员严重不足。

四、政府单一主体管理模式有待改善

目前，我国智慧社区体育建设还处在摸索过程中，初级阶段还存在很多问题，如分工不明、参与主体单一、责权不清、目标指向混乱等，所以还要继续深入探索，将科学的公共服务体系建立起来。2018年，国家体育总局颁布了《智慧社区健身中心建设试点工作方案的通知》，为了更好地满足社区群众的体育需求积极采取措施，具体规定了责任分工、工作目标、工作进度、实施流程、经费、项目的硬件和软件技术等方面，并选取了试点，分别是重庆、天津、山西、上海、浙江、江苏、陕西省的 7 个社区[①]。国家体育总局群体司、省（市）体育局及地市（县、区）体育管理部门三级联动机制初步形成。统筹规划了项目顶层设计、系统平台搭建、技术单位筛选、财政经费支付、设施标准配备等方面，并对其进行了管理，并对市场引入机制、支持专业公司参与模式进行了积极的探索。虽然当前我国智慧社区健身中心试点建设过程中政府仍然占据了主导地位，但是在后期的建设当中政府不能既当"掌舵者"又当"划桨者"。

首先，智慧社区体育建设的参与主体是多元的，它是广泛的，也是复杂的，利益博弈是动态变化的，利益相关者也有着不同的利益诉求。现代政府是服务型的，其主导作用不是全面插手，而是进行宏观管理和统筹引导。其次，政府简政放权要求市场和社会拥有一部分权力，政府从管得"宽"过渡到管得"窄"，政府工作的压力减小了，市场和社会也有了更多的空间进行高效管理，市场、社会组织的自我管理与调节能力也能充分地发挥出来。社区公共体育服务的模式应该

---

① 国家体育总局. 关于印发智慧社区健身中心建设试点工作方案的通知 [Z]. 2018.

从以往的"单中心服务模式"转化为"多中心服务组织"，解决社区公共体育服务体系供给不足的关键是使社会资源实现有机互补。有人研究了美国盖恩斯维尔市社区体育供给，发现该市初步构建的社区体育供给模式，以政府为主，是多主体（商业体育机构、业余体育组织、小区开发商、志愿者和市民）、多层次的。所以，管理模式如果只是政府单一主体，那就容易造成"大政府，小社会"的局面，单方治理难以支撑全局，智慧社区体育建设必须要对多元主体合作共治的理念和治理模式进行探索。

第四节　智慧社区体育建设协同治理

目前，在我国智慧社区体育建设过程中，主要以政府主导，市场、社会体育组织、社区居民协同治理。智慧社区体育是一项社会公共事务，为了保障智慧社区体育可持续的发展，需要整合政府、市场、社会组织及社区居民，将合作共治的治理模式构建起来。

一、政府管治

为了达到动员资源的目的，通过与多种利益集团进行对话和合作，并和利益集团进行协调，这种管理模式可以称之为管治。管治是一种综合社会治理的方式，对政府自上而下调控中的不足和市场交换有补充作用。在这种多中心治理模式中，政府占据着主导地位，在规章制度制定、发展指导、服务供给方面起到积极的"引航"作用。

（一）完善政策法规保障体系

在智慧社区体育建设和发展中，政府要研究和制定才能相关的规划、制度、标准等，将与智能化体育相关的法律制度进行完善，如信息交换共享办法、智能化体育设施管理办法等。构建和完善与社区居民建设相关的法治体系，其中包括社区体育的价值定位、权益救济、运行保障、权力监督、法律依据、评估反馈和行业自治等。

（二）统筹安排人、财、物

1. 人才方面

在人才方面，政府和社区居委会可以定期对体育、信息技术、社区管理等方面的专家进行邀请，对社区体育相关人员、组织、居民进行系统培训，让他们能够更加了解智能设备的使用和作用，让居民更加科学健康地进行体育锻炼。对于专职技术和管理人员给予一定的政策、薪酬等方面的支持，从而保障智慧社区体育的正常和可持续运行。

2. 资金方面

在资金方面，政府管理部分可以采用 PPP 项目模式，也就是政府和社会资本合作的模式，在智慧社区体育建设过程中，社会资本包括房地产开发商、智能体育设备供应商、信息网络服务公司等。通过一定方式的融资，并给予相关企业单位或者个人一定优惠政策，从而保障他们的合法利益。构建多种力量支持的资金来源系统，包括政府补贴、社会组织及个人捐赠、企业投资、商业赞助等。

3. 建立监督评价机制

在智慧社区体育建设过程中，要将社区人民群众的满意度作为根本指标，各级相关政府部门、社区居委会和相关社会组织要进一步明确主体责任，建立和完善监督评价机制。政府作为主导，可以授权第三方作为监督机构，对用于智慧社区体育建设的专项资金、综合信息平台建设、场地场馆建设等方面进行有效监督，也可以对社区居民定期进行一定的满意度调查，从而不断改进和完善智慧社区体育服务。

二、市场厘治

（一）理顺政府与市场之间的关系

政府在智慧社区体育建设过程中发挥着重要的引导作用，企业在优化其资源配置方面也发挥着极其重要的作用，政府要引导并监督市场。智慧社区体育建设必要的软硬件基础设施由企业提供，在这个过程中，政府要遵循市场的发展规律，不要对市场竞争进行过度干预，调节价格、供求和竞争，将市场的活力有效地激发出来。

（二）建立政企合作运营模式

企业在资源配置中发挥这种重要的作用，政企合作的运营的模式，对智慧社区体育的建设和发展发挥着重要的促进作用。目前，政府财政投入的单一模式不利于智慧社区体育的可持续发展，政府应该与企业合作共同建设智慧社区体育。在房地产开发商进行小区规划设计时，可以纳入智慧体育设施建设，充分考虑社区居民的健身需要，建设的智能体育场馆和设施必须要方便居民进行体育锻炼。在对小区进行管理时，物业公司可以适当地提供有偿服务，将其公益性重点突出。在智慧社区体育建设过程中，政府负责牵头，企业负责建设、运用和管理智慧体育的项目，这样政企合作的模式，既能发挥政府的协调、管理和监督作用，有能够发挥市场竞争机制，极大地促进了智慧社区体育建设和提高的智慧社区体育的服务质量。

三、社会协治

在智慧社区体育建设过程中，政府和市场并不能包办所有的事务，这时就需要社会组织参与协治，其中社会组织包括非营利性组织，如企业工会、社区委员会、相关体育协会等等，其主要任务有以下几点：（1）发展各种社区体育组织并让他们参与进来；（2）向社区居民宣传健康知识；（3）组织和举办各种体育活动；（4）指导和动员居民科学地参与体育锻炼；（5）对体育场地设施进行维护；（6）对社区体育活动的经费进行筹措，为体育活动和竞赛的顺利开展提供保障。

（一）关注居民体育健康信息

在智慧社区体育综合信心管理平台上，社区管理人员可以及时对居民的身体健康状况和体育锻炼情况等信息进行了解，也能够通过线上和线下的反馈方式及时将居民在体育锻炼中的问题和需求反映到上级管理部门，相关部门可以根据反馈的问题和信心做出及时调整、制定相关策略。

（二）有效的组织与实施社区体育活动

社区与社区之间或是社区内部的体育比赛，探索五位一体办赛模式，"政府主导、社区主办、协会承办、企业赞助、媒体宣传"，建立联动运行机制，"社区—社会体育组织—社会体育指导员"。由社区监管，社会体育组织实施，社会体育组织中有社会体育指导员的融入，主体是社会体育组织，使社会体育组织实现实体化，也使社会体育指导员实现职业化。上海市在2013年成立了市社区体育协会，借助现代化信息手段在网络平台上讲社区"你点我送"的体育服务配送系统建立起来了，效果良好，包含了宣传资料、技能配送、健身讲座、社区赛事、体育教练等内容。

（三）加强宣传和交流

要加强宣传和交流智慧社区的体育建设。通过对国家体育政策方针的宣传，对大众健身理论与方法进行解读，对智能设备的使用进行指导，对群众健康状况进行评估，宣讲科学健身知识，为大众制订科学健身方案等措施，促使社区居民对体育理论与实践知识进行深入的了解。在对外交流中，"请进来，走出去"的方针要继续坚持，比如体育文艺汇演、组织各类体育友谊赛、管理经验交流会、体育展览等，一方面通过交流社区群众的体育视野得到开阔，另一方面提供了思路和借鉴，更有利于日后对社区体育工作的改进。

四、居民自治

智慧社区建设的出发点和落脚点是社区居民，衡量智慧社区建设的"金标准"就是居民的现实需求和满意度。智慧社区体育服务的最终目标是使居民积极参加体育锻炼，并不是简单对智慧信息平台和智能化的健身设备仪器进行搭建，要促进居民之间的互动交流，将健康、快乐、互助的社区体育健身氛围营造起来，使现代科技成果福祉得到共享，实现居有所乐。

（一）提高居民的体育认同感

目前，从国家到个人都对体育表现出强烈的需求，居民只有切身体验，才会感受到体育的价值，对体育产生认同感。在健身需求—亲身体验—激发兴趣—体育认同的发展过程中，居民要树立正确的健康观和体育观，政府、社区、体育协会都要进行积极引导，使居民参加体育运动的欲望得到激发，让群众参与到多种形式的体育运动和竞赛中，对体育逐渐产生兴趣，体会体育带给人的好处，使得体育认同最终建立起来。

（二）鼓励居民参与到治理过程中

智慧社区建设的灵魂就是社区共同体，社区生命的综合体征是温度，各治理主体在社区体育活动和治理过程中，应鼓励居民参与进来。对社区居民进行引导，使其关注社区体育事务，并积极地提出自己的建议和意见，借助智慧平台线上和线下进行互动交流，广纳言路。邻里之间共同在体育锻炼上一起发展，相互促进，使社区体育建设中有更多的居民融入进来。

参考文献

[1] 时益之，关博.社会组织参与城市社区体育治理的路径研究 [J].体育与科学，2021，42（06）：22-28.

[2] 孟云鹏.十八大以来我国社区体育治理的主要成就、现实困境与纾困之道 [J].天津体育学院学报，2021，36（03）：323-331.

[3] 曹垚，白光斌.我国城市社区体育治理的困境与超越 [J].体育与科学，2021，42（01）：56-60+66.

[4] 李安巧，李欣，邱卓英，等.健康中国背景下残疾人社区体育发展研究 [J].中国康复理论与实践，2018，24（11）：1257-1263.

[5] 魏婉怡.困境与破解：现阶段我国社区体育发展的多元审视 [J].北京体育大学学报，2017，40（12）：14-19.

[6] 韩慧.社会体育组织参与基层体育治理的路径研究 [D].上海：上海体育学院，2017.

[7] 王占坤.发达国家公共体育服务体系建设经验及对我国的启示 [J].体育科学，2017，37（05）：32-47.

[8] 唐刚，彭英.多元主体参与公共体育服务治理的协同机制研究 [J].体育科学，2016，36（03）：10-24.

[9] 王莉丽.老龄化背景下我国城市公共体育服务供给的反思与优化 [D].武汉：武汉体育学院，2015.

[10] 袁春梅.我国体育公共服务效率评价与影响因素实证研究 [J].体育科学，2014，34（04）：3-10.

[11] 王晓，孙立海，吕万刚.我国社区体育非盈利组织发展现状的调查研究 [J].武汉体育学院学报，2013，47（06）：5-11.

[12] 刘同众，戴宏贵.日、美社区体育建设与管理的探究与启示 [J].西安体育学院学报，2013，30（04）：397-401.

[13] 薛明陆.新农村社区体育共生发展模式研究 [D].曲阜：曲阜师范大学，2013.

[14] 王凯珍.中国社会转型与城市社区体育发展 [M].北京：北京体育大学出版社，2012.

[15] 周涛，张凤华，苏振南.美英日城市社区体育公共服务建设经验及其对我国的启示 [J].体育与科学，2012，33（04）：69-74.

[16] 范冬云.广州市大众体育公共服务研究 [D].上海：上海体育学院，2011.

[17] 肖端.创建新型社区体育模式的研究 [D].重庆：西南大学，2011.

[18] 陈旸.基于 GIS 的社区体育服务设施布局优化研究 [J].经济地理，2010，30（08）：1254-1258.

[19] 范宏伟.公共体育服务均等化研究 [D].北京：北京体育大学，2010.

[20] 王东礼.体育舞蹈对促进武汉市社区体育文化建设的研究 [D].武汉：武汉体育学院，2009.

[21] 孟文娣.中国群众体育公共服务市场机制引入方式的研究 [D].北京：北京体育大学，2008.

[22] 纪铭霞，董翠香，刘洪波.近 20 年社区体育服务体系研究的综述 [J].体育科学研究，2008（01）：1-3.

[23] 杨守民.社区体育健身俱乐部运作模式构建 [D].重庆：重庆大学，2007.

[24] 曾琳，吴承照.上海城市社区体育设施现状调查与思考 [J].规划师，2007（01）：69-73.

[25] 孟令忠，原建军，张平.社会转型时期中国城市社区体育文化建设初探 [J].体育与科学，2006（03）：21-24.

[26] 宋杰，孙庆祝.城市社区体育健身环境评价体系的构建 [J].中国体育科技，2005（04）：99-102.

[27] 刘艳丽，苗大培.社会资本与社区体育公共服务 [J].体育学刊，2005（03）：126-128.

[28] 黄燕飞，陈秀莲，徐群莲.中美社区体育管理体制的比较研究 [J].体育文化导刊，2004（09）：37-39.

[29] 王凯珍.社会转型与中国城市社区体育发展 [D].北京：北京体育大学，2004.

[30] 唐建军，孟涛，李志刚，等.英、德、日社区体育俱乐部基本状况和存在的问题 [J].体育与科学，2001（03）：8-11.